Suspended
INSTANTS

Suspended INSTANTS

November 8, 1997 – January 10, 1998

Seong Chun, Fernanda Gomes, Carla Guagliardi, John Monti, Márcia Thompson

Art in General, 79 Walker Street, New York City

November 7 – December 20, 1997

Enrica Bernardelli, José Damasceno, Heide Fasnacht, Ana Linnemann, Brigitte Nahon

SculptureCenter, 167 East 69th Street, New York City

Holly Block and **Claudia Calirman**, Co-curators

©1997 by Art in General, Inc. 79 Walker Street, New York, New York 10013-3523, U.S.A.
Phone: (212) 219-0473 Fax: (212) 219-0511 Email: info@artingeneral.org

ISBN 1-883967-08-2 /Library of Congress Catalog Card Number: 97-074937

Publications Director: Holly Block
Publications Coordinators: Athena Robles, Catherine Ruello
Designer: Laura Miller
Editors: Michael Goodman, Andréia Vizeu, Marc Getlein
Translators: Michael Reade, Andréia Vizeu
Installation views: Robin Holland, Becket Logan

Printer: Bowne Business Communications
Text printed on Warren Lustro Dull 100 lb. text; cover printed on Warren Lustro Dull 120 lb. cover

Photographers: BECKET LOGAN: p. 9 and 11 (installations), p. 31 (Bernardelli), p. 35 (Damasceno), p. 39 (Gomes),
p. 47 (Nahon); KEVIN NOBLE: p. 33 (Chun); OREN SLOR: p. 37 (Fasnacht); ORCUTT & VAN DER PUTTEN:
p. 41 (Guagliardi), p. 45 (Monti); PAT KILGORE: p. 43 (Linnemann); ROBIN HOLLAND: p. 49 (Thompson);
TERI SLOTKIN: p. 80.

This exhibition and publication have been made possible through the generous support of The Andy Warhol
Foundation for the Visual Arts, New York State Council on the Arts, Consulate General of Brazil in New York,
Ministério da Cultura, Brazil, Bowne Business Communications, Agnes Gund and Daniel Shapiro,
and individuals.

Esta exibição e este catálogo se tornaram possíveis através do apoio generoso das seguintes organizações:
The Andy Warhol Foundation for the Visual Arts, New York State Council on the Arts, Consulado Geral do Brasil
em Nova Iorque, Ministério da Cultura do Brasil, Bowne Business Communications, Agnes Gund and
Daniel Shapiro, e de contribuições de indivíduos.

CONTENTS/ÍNDICE

ACKNOWLEDGMENTS

*P*art of Art in General's ongoing commitment is to expand its vocabulary in contemporary art by introducing new curators, new artists, and new programs from around the world, thus reaching beyond the gallery's walls. This year we have had the great pleasure of including Rio de Janeiro, Brazil, in this evolving international dialogue.

Also for the first time, we have had the opportunity to work with the SculptureCenter, another nonprofit arts organization located in uptown Manhattan. This project, presented in two locations, established a cultural exchange in which artists from Brazil and New York were able to work and exhibit together.

Suspended Instants would not have been possible without the support of many individuals and organizations, and we would like to express our deepest gratitude for their generosity.

Special appreciation goes to Brazilian Ambassador to the U.S. Marcus de Vincenzi for supporting this project from its inception and to Marcelo Salum, Head of the Cultural Sector at the Consulate General of Brazil, and his assistant Edivânia Leite for contributing their time and effort. For financial support of this publication and the exhibition, we would like to gratefully acknowledge Francisco Weffort, Minister of Culture of Brazil; Martin Weinstein and Teresa Lizska, Board members of Art in General; Pamela Clapp, Program Director of The Andy Warhol Foundation for the Visual Arts; and Agnes Gund and Daniel Shapiro for their generous contribution; we thank Leonor Villanueva and Josie Sanchez of Continental Airlines for helping to bring the artists from Rio de Janeiro to New York City; Robert Baker of Bowne Business Communications for the printing of this publication, and Carl Gulino and Richard Carlo of Bowne Business Communications for their assistance with its production; and Art in General Board member Richard Stewart for introducing us to Bowne Business Communications.

This project originated with a series of studio visits in New York City and Rio de Janeiro. Holly Block's trip to Brazil involved the gracious assistance of Victor Tamm from the

U.S. Consulate in Rio de Janeiro. Additional thanks go to Cláudia Saldanha, Director of Visual Art at RioArte, for inviting Holly to give several lectures in Rio de Janeiro and for contributing her time while completing an internship in NYC; to Marian Griffith, Executive Director of the SculptureCenter, for sharing this exhibition and for assisting with the details of the project; and to Matthew Freedman and Jude Tallichet for aiding us in making studio visits, suggesting artists, and involving the SculptureCenter in the project.

This exhibition could not take place without the inclusion of the following artists: Enrica Bernardelli, Seong Chun, José Damasceno, Heide Fasnacht, Fernanda Gomes, Carla Guagliardi, Ana Linnemann, John Monti, Brigitte Nahon, and Márcia Thompson. We are also indebted to our guest essayists, Fernando Cocchiarale of Rio de Janeiro and Nancy Princenthal of New York City for their insights and contributions to this publication; Laura Miller for designing the announcement card and publication; Michael Goodman and Marc Getlein for editing; Michael Reade and Andréia Vizeu for the translation; Claudia Hernandez for coordinating a panel discussion; Catherine Ruello and Rachel Melman for organizing a video program in conjunction with the exhibition; Simone and Paulo Klabin for hosting a reception for the artists and curators; and Robert Pollack of Acme Bar & Grill for donating space for the postopening celebration.

For their support, advice, and enthusiasm, we thank the following individuals: Professor Rose-Carol Washton Long, Executive Officer of the Ph.D. Program in Art History at The Graduate Center of The City University of New York; Wiesje van Hulst; the artists Tunga, Anna Bella Geiger, Josely Carvalho, and Regina Carvalho (Gô); Lea Checroni-Freid for helping to organize the party; Kátia Canton for assistance in research; and Carolina Geiger for her patience.

Acknowledgments also go to Elizabeth Harris Gallery, New York; Bill Maynes Gallery, New York; Cristinerose Gallery, New York; Galeria Luisa Strina, São Paulo; Galeria Cohn Edelstein, Rio de Janeiro; Galeria Camargo Villaça, São Paulo; and Marc Pottier.

We also wish to acknowledge the Board of Directors, Advisers, and Staff of Art in General, who supported this project at every stage. Special thanks goes to Andrea Pedersen, Development Associate, for her continued efforts with fundraising to support the project;

Joanna Spitzner, former Gallery Coordinator, who began the coordination with the artists; and Catherine Ruello, Assistant Director, who then guided and maintained the project; Jennie C. Jones, Public Programs Coordinator and Office Manager, who also coordinated various aspects of the project; Athena Robles, Communications Coordinator, for the coordination of the publication and publicity; Seth Kelly, Preparator, who oversaw the installation; and Tally Traksbetrygier and Robert Robson for assisting in the installation.

Last, we would like to thank participants in both countries for their collaboration on a project that, with this publication, becomes a reality.

H.B. and **C.C.**

Installation views, Art in General/*Visão da Instalação, Art in General*

Installation views, SculptureCenter/*Visão da Instalação, SculptureCenter*

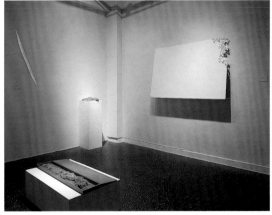

*T*raditionally, for curators and artists the organizing of an art exhibition has meant unpacking crates of finished work, then installing the art onto the walls and floor of a space, gallery, museum, or nonprofit art center. At this point in time, this traditional process has become less interesting for Art in General. We have become increasingly more engaged in developing projects that include the artists in the evolving exhibition process within our space. Many questions come to mind when an exhibition is being developed. The consideration of the place, the locale of the exhibition or the institution, and the roles of the curators, the artists, and the public, are all part of expanding this process. Art in General is an exhibition space where much of this experimentation has taken place, pushing the definition of the curatorial practice further and enabling a collaborative process among the site, the curators, the artists, and the public.

In the organizing of *Suspended Instants*, our curatorial process was defined by selecting the artists to work in collaboration with each other, by curators and artists visiting new cities, by giving artists the opportunity to make work for a new space, or to present sited works, or to be commissioned to create and produce new work, and by expanding Art in General's gallery to include other locales. It furthermore allowed artists to take part in an increasingly global dialogue and to add to an international discourse through art.

Many of these issues were at the heart of our discussions when organizing this project at Art in General, and, as curators, we wanted to ensure that the connection between the artists from both cities would remain a valuable experience for all.

The two curators, both living in New York (one originally from Rio de Janeiro, the other visiting Brazil for the first time), embarked on a trip together and made the rounds of both cities in visits to museums, galleries, spaces, and artists' studios. Beginning in Rio, where despite being densely populated, the pace is more relaxed, visits with artists were set by word of mouth. Upon returning to New York, a resource for artists but at the same time a very difficult place to create in, and to exhibit in, we first looked at slides, visited other exhibitions and galleries to narrow the list for studio visits, and met regularly to discuss the shape of this show. We narrowed the numbers to five artists from Rio and five from New York, with the intention, however, of interweaving the selections at both Art in General and the SculptureCenter.

Some choices seemed obvious to us, some more difficult. As curators, we were committed to bringing all five artists from Rio for the installation phase, the opening, and the public programs accompanying the exhibition. Some artists were invited to make work directly on-site, such as Carla Guagliardi, Fernanda Gomes, José Damasceno; others were commissioned to create new work, such as John Monti and Brigitte Nahon; or to install works selected from studio visits, such as Heide Fasnacht, Enrica Bernardelli, Márcia Thompson, Seong Chun, and Ana Linnemann. We decided that all the artists needed to be present during installation. Some of them arrived with materials in hand, while others sought out supplies once in New York during the ten-day preparation for the opening of *Suspended Instants*.

This exhibition, based on the practices of Minimalism and Postminimalism, uses material in a way that allows for a very concentrated and quiet experience. But material alone is not only what brought these ten artists together. With their attention to detail through the use of working serially, through repetition, suspension of time, space, and form, and a color and noncolor approach, the artists subtly engulfed the space to dictate the work. Another aspect of the work is the artists' fascination with the purest point of view. Today we are bombarded with an excess of information that adds complexity and multiplicity to life, while these artists seek out a more contemplative space, a resting point, a process of reduction. Contemplation and the artists' need for elimination may be seen as two of the underlying themes that unify these works in spite of their disparate origins and the spaces in which their work is shown: Art in General and SculptureCenter.

Such materials and supplies, purchased or found, overflow in New York as they do in Rio. Needing to simplify, artists are utilizing, reprocessing, or recycling to make new definitions for new materials, such as rubber, metal springs, cloves, crocheted paper, wood shavings, rubber bands, thread, and more. Whether suspended from the ceiling, attached to the wall, or balanced on the floor, the materials and sources in this exhibition continue to add to our contemporary art vocabulary. An awareness of each other's history, the opportunity to participate in *Suspended Instants*, and the common economic use of existing materials form the link among these artists joined together for one project.

Holly Block
Co-curator

UNFORMING FORM

*S*uspended Instants features the works of young Brazilian and New York-based artists that deal with the limits of sculpture, stretching its boundaries. Their works engage unusual materials, address issues of time, and explore the poetics of space. The pieces are quiet, resisting, immediate revelation to the viewer; but if the eye takes in the work in generous and courteous attention, eschewing the aggressive acquisitive gaze, it is rewarded by the unfolding of their nature.

Many of the works operate in the liminal areas between sculpture and other traditional distinct genres of art. Enrica Bernardelli's tangled golden chains, for example, commute line into volume, making a passage from drawing to sculpture. Similar mediations of category are performed by José Damasceno's wall piece made of rubber bands and nails, in Heide Fasnacht's sculpture linking small clay forms with springs, and in the delicate pieces by Brigitte Nahon, whose threads entrap clear plastic balls within their fine strands.

The boundaries between installation and sculpture are questioned in Damasceno's floor piece, consisting of multiple guitars made of sawdust mixed with water and glue, and in Carla Guagliardi's serial wall construction composed of iron bars enclosed in plastic tubes filled with water. John Monti's monumental fiberglass floor piece transgresses the defining element of yet another genre: architecture. Last, Márcia Thompson explores the limits between sculpture and painting by filling three-dimensional Plexiglas boxes with paint. The medium here has become the material.

Much of the work in this exhibition attempts to evade the traditional associations of sculpture with permanence, weight, and solidity, insisting instead on the existence in space of the fragile, the temporal, and the fluid. Where we expect work with solid and determined form, we find forms suspended from the ceiling, lying on the floor, or affixed to a wall, negating the burden of weight. Fernanda Gomes's almost invisible pieces bring to the fore the subtle distinction between the visible and the imperceptible and the moment at which the one enters the territory of the other. Her work uses magnets to link white threads to needles, cigarette filters, crusts of bread, and soap. Each of these elements acts as a weight, and the lines of threads cut through the space to create volume and movements that can be perceived only by a very attentive eye.

Brigitte Nahon deploys black thread to ensnare within its web transparent plastic spheres. Suspended from the ceiling to the floor, the piece duplicates itself by casting a shadow on the wall, reflecting at the same time the space surrounding it. Guagliardi's sculpture also addresses the issue of transparency. Here the process of corrosion is made almost tangible as we watch it in action through the crystalline plastic tubes. Equilibrium and tension are concerns of both Nahon and Guagliardi; in the work of the latter accumulating rust disrupts the natural balance and provokes unpredictable leaking. Nahon stretches threads to almost their breaking point in order to hold the clear plastic balls hostage and motionless. The tenuous fragility of the thread defies its nature to literally uphold the heavy balls. Nahon's ethereal and fragile sculpture invites our participation, perhaps even our collaboration: we vicariously suspend our respiration to sustain the stillness of its midair suspension.

In the work of Seong Chun and Ana Linnemann, absence is felt as presence. Chun's delicate crocheted strips of paper, inspired by philosophical texts of Italo Calvino and Iris Murdoch, speak to us of void, solitude, and silence, as do the sewn stones of Linnemann's *Rock Lace* series. These sculptures evoke in the viewer an almost obsessive exercise in patience. The elements used by Linnemann—stones, metal wire, and needles—are so disparate as to border on the nonsensical. The artist plays with the feminine nurturing act of sewing. But here there is no implicit generosity in the act of making; a total lack of practicality undermines the action. Sewing has become an empty and pointless act.

Time is yet another concern of the artists from *Suspended Instants*. Guagliardi's iron-and-water sculpture explores the passage of time and its irreversible effect upon the materials of its construction. "Each time the viewer blinks," she says, "a new form is revealed." Nahon, Chun, and Gomes's sculptures possess ephemeral qualities whereas Linnemann's pieces, by contrast, appear timeless. The link between change and the temporal is also evident in Bernardelli's precious golden chains, which assume different forms each time they are repositioned in space. Memory and history are also addressed in the work. The wearing of golden chains is a tradition of long standing when passed from one generation to the next, and the recipient inherits an object of history that transcends the common notion of time. The myriad minute voids in the golden chains links find an echo in the silent expanse of *Map of the Sculpture*, a white paper wall piece articulated by only a few small holes. Both pieces speak of absence and presence.

Márcia Thompson's white boxes, on the other hand, forceful in their use of oil paint, wax, and paper, assert materiality itself. Thompson wants to drain her work of all issues and reference alien to the territory of art. There is an admittedly mechanical and repetitive aspect to filling up these transparent boxes with masses of white paint. But the results somehow escape from the apparent uniformity of the mechanical. Irregular and uneven forms counteract the seeming systematization and precise geometry of the Plexiglas cases; anomaly reasserts itself, all the more seductive amidst the sterility of the homogeneous.

Seduction also plays a role in John Monti's pieces, which attract the eye with their beckoning sensuosity. Monti says his sculptures "deal with the interpretations of reality that tease our psyche, inviting yet eluding identification." The piece suggests a world yet to be revealed, and it is perhaps the biomorphic quality of his plastic-coated fiberglass *Black Belly* that alludes to the sensuous, persuading the viewer into some more intimate perception of the piece.

The work of Heide Fasnacht attempts to map imaginary spaces, using diagrams and charts to give them an air of solidity, palpability, tangibility. But, there exists, as a result, a tension in these black clay sculptures, a certain play between abstraction and representation.

The artists in this exhibition draw nourishment from a variety of international influences, among them European Constructivism, American Minimalism, and Postminimalism —especially, in this instance, the work of Eva Hesse. One should also mention the Italian movement Arte Povera which, with its exploration and inventive use of material, is clearly a forerunner to some of the works on view. The grids, repetition, and seriality displayed by Monti and Guagliardi for example, evoke Minimalist principles at work. Yet one might also say that both artists address the convention of Postminimalism. In Monti's sculpture this is apparent in their voluptuous sensuousness, and in Guagliardi's work, its influence is evident in its uses of the organic process that tinges and mottles the water inside the plastic tubes.

The work in *Suspended Instants* is as much specifically Brazilian as it is international and cosmopolitan. It touches the Neoconcrete movement of the 1960s, which opened up Brazilian art to experimentation. Hélio Oticica and Lygia Clark were two of its exponents whose influence in this show is undeniable. The participating artists were also influenced by the generation that followed Neoconcretism, specifically by artists such as Tunga, Waltércio Caldas, Cildo Meireles, and José Resende.

Many emerging contemporary artists are driven to address political and social content in their work and to explore questions of cultural identity. The artists featured in *Suspended Instants* are motivated, not so much by these matters, but rather by form, materials, and process. That this body of work, significant in its own right, can coexist with its more politically engaged counterpart, underscores the vital pluralism of the art of today.

Claudia Calirman

Co-curator

T he Brazilian artworks of the exhibit *Suspended Instants* appear to be intentional-
ly apolitical, thereby contradicting the international artistic order of the day. This
may be contrary to the expectations of American critics and public; however, it is
the result of the shifting and silent ambiguity produced by the work of these artists and the lack
of evident mimetic elements in the works. For those who are not familiar with Brazil and
Brazilian art, a brief introduction is therefore necessary, to provide the historical circumstances
that account for the fact that a significant part of contemporary artistic production in Brazil fol-
lows a different path from the explicitly political art so valued today.

As in other Latin American countries, the beginning of modern art in Brazil, during the second decade of this century, was marked not only by the clash between different academic positions, but also by restrictions imposed by a paradoxical social and economic reality. On the one
hand, large Brazilian cities, especially Rio de Janeiro and São Paulo, experienced modern living provided by a burgeoning industrialization; on the other hand, they were immersed in—
and dependent upon—an economy based predominantly on agricultural exports, which was
socially backward and which worked against the advancement of capitalism that these cities
announced.

The historical contradiction between incipient modernity and archaic structure raised
urgent problems that the intellectuals and artists of the time considered necessary to address.
What was the relationship between universal questions, born in the context of modern cities,
and national issues, firmly planted in the conservative terrain of large, single-crop, agricultural estates? How could these differences be woven together into a modern cultural project that,
while critical of the social obstacles deeply entrenched in the past, would nonetheless preserve
its traditions?

In May of 1928 the writer and poet Oswald de Andrade launched, in São Paulo, the
"Manifesto Antropofágico," published in the first issue of the magazine *Revista da
Antropofagia*. Though many ideas regarding Brazil's unique cultural makeup were presented at

the Semana de Arte Moderna (Modern Art Week) in São Paulo in 1922, Antropofagia (Anthropophagy, as the movement was called) alone had a decisive role in the future development of Brazilian art. It established confidence in an authentic Brazilian art and its position in relation to international art. Antropofagia was never an "ism" or an artistic movement. Rather, it was a model that asserted that the local culture was the result of cannibalizing and digesting foreign influences. Antropofagia was not immediately successful; it competed against other propositions, often at a disadvantage, in spite of being the most brilliant proposal for an original Brazilian cultural model, and of lacking any chauvinism.

Perhaps because of this, the development of Brazilian art, until the appearance of Abstractionism in the late 1940s and early 1950s, continued to be determined by discussions regarding the national basis for modernity. During those thirty years the cultural production of the country was determined by essentially ideological concerns, such as Brazilianism and Regionalism, which ended up eclipsing the possibility of an aesthetic similar to that occurring in Europe.

One can aptly say that the emphasis on political issues, in detriment to aesthetic concerns, effectively delayed the modernization of Brazilian art until the late 1940s. Formal exploration and innovation, essential characteristics of the vanguard, would be born within the specific field of visual arts and not as a result of social debate.

After World War II, and in opposition to an almost entirely academic art, the first groups of Abstract-Concrete artists appeared in Brazil, in Rio de Janeiro and São Paulo. The new tendency coincided with the new democratic winds of 1945, following the fall of the Vargas dictatorship, which had been in power since 1930. It also represented, in the cultural arena, the reestablishment of civil rights, which brought along with it the freedom to differ so as to innovate. Within this context the appearance of Abstractionism—both geometric and informal—more radical and politicized than the already spent Social Realism, was enough to shake the monopoly of the dominant art form.

For the first time and belatedly, Brazilian art was able to produce its own vanguards, which immediately became involved in a heated polemics that continued during the 1950s regarding theory and practice. The two main groups, both Concretistas, were from São Paulo

(Grupo Ruptura, 1952) and Rio de Janeiro (Grupo Frente, 1953). Another important current of thought was the Informalismo that, due to its emphasis on individual expression, had never organized groups.

The penetration of the ideas of Constructivism in Brazil, at the time when international art gravitated around Abstract Expressionism and Tachisme, was determined by local circumstances. The 1950s was a decade of great industrial expansion and change, symbolized by the construction of the new capital, Brasilia, and its inauguration in 1961. Artists and intellectuals were actively involved in debating the rapid transformation of Brazilian society. While Social Realism, with its focus on popular tradition, ended up a prisoner of the past, Constructivism, on the contrary, enabled a vision of the future.

The Concrete art groups of São Paulo (Geraldo de Barros, Charoux, Waldemar Cordeiro, Fiaminghi, Judith Lauand, Sacilotto, etc.) and Rio de Janeiro (Carvão, Amilcar de Castro, Lygia Clark, Hélio Oiticica, Lygia Pape, Weissmann, etc.) focused from the very beginning on different issues. Whereas the first group adhered strictly to the theoretical principles of international Concrete art, the latter preferred to explore the possibilities resulting from their own experiences, ignoring the international movement. The dissident path of Rio's group culminated in the creation of Neoconcretismo, in 1959, to which Hércules Barsotti and Willys de Castro, two artists from São Paulo, adhered. The rebelliousness of the new group with regards to the international postulates of Concrete art, which were faithfully assumed by the São Paulo group, enabled the appearance of artistic propositions that were the starting point of a significant part of contemporary art in Brazil. That is especially the case of the works of artists that participate in the exhibition *Suspended Instants*.

Contrary to what one might expect, the major contribution of Neoconcretismo to contemporary Brazilian art was not exclusively formal, but methodological: the valorization of experimenting (the process) above any normative principles that might constrain inventiveness. The originality of the works of Lygia Clark, Hélio Oiticica, and Lygia Pape, for example, must be considered the result of experimentation. This is what enabled them to transcend the formal issues of Concrete art, and later Neoconcretismo, rather than being confined by geometry—a path followed by other Brazilian vanguard artists without the same results.

The exhaustion of the restricted repertoire of Abstractionism, in the 1960s, gave way to new tendencies in American and European art, such as Pop, Nouveau Réalisme, etc. At that time, art produced in Brazil already had its own essential references, which enabled it to have a unique position with regard to the international vanguard. At the same time, it had to address the problems resulting from the coercive acts of the military dictatorship that came to power in 1964, and persisted until 1985.

Under the impact of the first repressive measures of the military government, the so-called Nova Figuração was launched during the exhibits *Opinião 65*, which took place in Rio de Janeiro, and *Propostas 65*, inaugurated in São Paulo in December of that year. The political meaning of these exhibitions, already evident in the titles, which made reference to freedom of expression, was the result of the participation of artists that came out of the vanguards of the previous decade and constituted a broad cultural front in favor of freedom of expression.

Albeit with ethical and political tones, the issue had enduring aesthetic implications: not because it established a new movement, but because it made clear, to that generation, above all because of the analysis of Hélio Oiticica (1937–1980) and the thoughts of Mário Pedrosa (1900–1981), the specific historical significance for the future of Brazilian art.

In the catalog of the exhibition *Nova Objetividade Brasileira*, of 1967, Hélio Oiticica published the text *Esquema Geral da Nova Objetividade (General Scheme of the New Objectivity)*, which was to be "the formulation of the current state of vanguard Brazilian art," and not "a dogmatic movement, aesthetist, [as was, for example, Cubism, as well as other "isms" that were construed as a "unity of thought"], but an 'arrival,' constituted by multiple tendencies, where the 'lack of a unified thought' is an important characteristic." It also listed the six characteristics of this condition (among them, the tendency to favor the object given the exhaustion of painting, the participation of the spectator, taking a stance regarding political, social, and ethical issues, and the creation of new experimental conditions). It also acknowledged Antropofagia (1928) as one of the determining steps to reach Nova Objetividade (New Objectivity). Furthermore, it outlined a genealogy that was concerned, above all, with determining a Brazilian vanguard attitude, and not with establishing aesthetic and formal characteristics that are typical of Brazilian art. Given the historical circumstances, there was no alternative. One might add that profound affinities between the logic of Antropofagia and the experimentalism of Neoconcretismo legitimized this connection: both emphasized the process (time) as the only guarantee of genuine expression and were against the dogmatic acceptance of exogenous norms—as validated by the hegemony of the cultural centers, aesthetic principles, etc. Only the process, with its own internal dynamic, is able to overcome and subvert the limits and thus play a fundamental role in providing aesthetic and creative alternatives, both collective and individual, while at the same time remaining committed to universal art issues.

Shortly before this, and in ways analogous to Oiticica, Mário Pedrosa had indicated one of the possible paths for the Brazilian vanguard when he coined the term *experimental exercise of freedom.* This concept was at the center of what he called, back in the 1960s, "postmodern art." Its main characteristic, according to him, was the tendency to abolish "isms" (which was later confirmed).

The historical conditions that enabled two extremely creative moments of Brazilian art to be united in Nova Objetividade were responsible for the formation of an expanding field of experimentation, which has comprised artists of various tendencies, and not only artists of Constructivist inclinations. One must stress that experimentalism, viewed as a central issue—the "experimental exercise of freedom"—became a defining element in Brazil, and must not be confused with experimental processes that arise spontaneously from artistic practice. It enabled the establishment of an evolving tradition that, without constituting a formal or thematic repertoire, paid tribute to the work of generations of contemporary artists.

The Brazilian artists participating in the exhibition *Suspended Instants* can be viewed within this historical framework. Their visions, even if only involuntary, echo the examples of unique works that can be grouped together under the same constellation: viewed individually, they can, without doubt, reflect issues pertaining to international art, but the works carry the imprint of a unique production.

Fernando Cocchiarale

CONTEMPORARY AMERICAN SCULPTURE: REAL WORLD WEBS

9t is safe to say that artists who paint are at least implicitly concerned with the medium's conventions. That helps make paintings easy to recognize; similarly, photographs, or furniture. The only reliable definition of contemporary sculpture, on the other hand, is that it's none of the above. Instead, it fills the spaces between them, as it does between stasis and movement, commercial and personal production—just as it has always, inherently, stood between presentation and representation, the thing itself and the symbol of it. Little inclined, lately, to introspection, sculpture has instead drifted toward its own margins; boundary jumping is an especially lively mode. Rec room and backyard, kitchen and sewing basket, operating theater and research laboratory, digital program and computer-driven fabricator are likely starting places. It is not so much a matter of sculptors investigating the distinctive qualities of these sources as of spinning webs between them, complicating the functional and symbolic spaces through which we move, in art and elsewhere.

Dispersion, fragmentation, and other forms of opposition to singular, monumental form have, of course, been impulses in sculpture for a long time. Relinquishing axial (and incipiently figural) composition was pivotal in early twentieth-century sculpture, leading toward the "expanded field" in which artists began, more than twenty-five years ago, to feel comfortable. Minimalism and the serial organization of regular geometric units; the scatter-and-spill, contingency-based strategies of Postminimalism (nearly contemporary with Minimalism proper); Earthworks, made in resistance not only to the centralization of exhibition and marketing systems, but to solid, singular sculptural form; and Conceptualism, which gave all three a sometimes adversarial theoretical framework, are the basic modes from which sculpture still flows. Or maybe it's better to say these nameable bodies of work mark the end of the era in which such categories cohered, however insecurely defined and promiscuously interrelated. In any event, they divided the terrain as it existed when the present generation of artists was being educated, and served at minimum as points of resistance, and often as freely renewable resources.

The same is true of a few exemplary careers—Bruce Nauman's, for one, seems inescapably relevant. It is in the nature of his output, which is diverse in the extreme, and his outlook, which tends to be searingly caustic but is sometimes marked by pathos and even idealism, that his influence (or at least his pertinence) can be discerned in widely varying sculpture. Word and thing, physically observable information and prior assumption, are among the basic binaries he negotiates. Casual insertion of video into the realm of sculpture is among his most influential moves. But Nauman's most resonant gesture is, arguably, his impertinent look into the underneath and in-between places of the everyday environment. By casting the space beneath a chair in concrete (1965), or, in fiberglass, the space between two boxes on the floor (1966), he not only provided precedents, in a few works, for an entire career (Rachel Whiteread), but also a metonym for all contemporary sculpture that operates between and below the reliable furniture of the physical environment.

Of course, there are other places to look for significant influence on current sculpture. Whereas Nauman generally starts from the codified languages that express physical experience, Eva Hesse and, after her, Kiki Smith, started from the other end of the trajectory. Working within very different traditions, they have each considered the human body as a generating station, a receptacle, and a floating position in a sequence of reproduction that renders original and copy indistinguishable: hence the importance to both of multiples and multiplicity. Equally, the two artists stand for a widespread concern with the indeterminacy of interiority, on the one hand, and, on the other, the outer limits of physical identity.

The implications that have recently been drawn from these several paradigmatic movements and careers can be organized in a number of ways, none remotely conclusive. There is a great deal of current sculpture that occupies space the way "site-specific" work was once said to do, though the new installations need not make a particular commitment to context. Cady Noland, Pepon Osorio, Jason Rhoades, and Jessica Stockholder are among many artists who start with commercially produced, readily available goods, working the consumer landscape with the same vigor once applied to the natural environment. The sculpture in this vein varies enormously. Osorio, for instance, proceeds toward a very specific set of personal and cultural associations, while Stockholder is explicitly engaged with the tradition of expressive abstraction. But they share an extemporaneous approach to process and an acquisitive approach to space and materials.

Historically, of course, the use of existing or "found" objects is tied to Surrealism and its exploitation of the uncanny effect that ordinary objects can have when isolated and displaced. The heritage of Surrealism, and, particularly, of Surrealist photography, continues to resonate, with some artists—Gabriel Orozco, Zoe Leonard—making explicit connections between photographic capture of alienated moments of daily life and the sculptural capture of daily objects. Others, like Jennifer Pastor, extend the Surrealist legacy by reinventing commercial objects, producing overscaled or otherwise artificially enhanced versions of iconic American decorative motifs. Charles Ray is an established master of this genre, having taken the sanctimony out of abstract investigations of scale, for instance, with over- and undersized mannequins. Mike Kelley, like Pastor and Ray a California-based artist, is less indebted to the basically poetic tradition of Surrealism than to Dada, whose anarchic and sometimes venomous energy is sustained in a tremendously influential body of intermedia work.

As omnivorous in his subjects as in the means by which he addresses them, Kelley practices a kind of artistic scorched-earth policy, leaving little arable material in his wake. It is a powerful example, one among several currently circulating models for the ironic, and even contemptuous, treatment of social issues in art. Other artists continue to use sculpture as an instrument of social analysis, often also making use of existing objects (Fred Wilson, Gary Simmons), but there has been a marked retrenchment recently in work that addresses issues of race, class, and gender. Here, too, border crossing is the rule, so that, for example, the emphasis on intimacy and handwork once associated with feminist critiques of Minimalism is now often undertaken by men. In what might also be called a revisionist look at Process art, and especially its relationship to handcraft, Oliver Herring has been knitting mylar and Charles LeDray stitching miniature clothes, while Tom Friedman has made minutiae in such materials as human hair and bath soap, pencil stubs, and bubble gum. The painstaking craft used in Roxy Paine's sometimes hyperrealistic tableaux, or the frail tendrils of plaster and wire that distinguish Daniel Weiner's slightly goofy abstractions, are equally part of a widespread preference for diffident, oblique approaches to questions of sculptural means and purpose.

The same kind of ambivalence characterizes even work that assumes functional form, as in Andrea Zittel's modular seating and mobile bedrooms or Charles Long and Stereolab's do-it-yourself sculpture-cum–listening booth. Rather than taking support from early Modernism's utopian programs for integrating fine and applied arts, these artists engage a later, more skeptical tradition that embraces individual and cultural difference, relying on serendipity as a procedural game plan and humor as an emotional standard. It is in the light of the ever more casual relationships between consumer goods and sculptural products that the breakdown of other interdisciplinary protocols is best viewed—the integration of video and sculpture, for example. Artists who focus on video installation exclusively (Bill Viola, Gary Hill, Diana Thater) now find company in others who have come to it as part of sculptural practice (Maureen Connor, David Hammons). Similarly, several sculptors have extended their practice into photography (Petah Coyne, Lesley Dill, Nene Humphrey), as well as, more traditionally, into printmaking and drawing. By and large these are not choices driven by interest in the medium as such, but in pursuit of subjects that aren't comfortably confined in one or another.

As several recent survey exhibitions have made clear, the old widely discarded model of formalism, a self-consciousness at the level of mediums, has in some measure been replaced by self-consciousness at the level of presentation. The nature of collecting and exhibiting art, as seen from historical and social perspectives, has been at issue in a good deal of recent work. With its repeated interludes of small-scale objects spread out laterally, as an array of curiosities (by Orozco, Rhoades, Michael Ashkin, Chris Burden), the Whitney Museum's 1997 Biennial could be called the art world's tabletop tournament—a companion event to a desktop Documenta, in which the seventeenth-century Curiosity Cabinet model was replaced by a more contemporary paradigm, involving readily chunkable information susceptible to inexpensive, infinite reproduction.

Both these surveys, and especially the nominally American-only Whitney Biennial, also stressed the futility (and, tacitly, the danger) of isolating national identity, whether in ideological or practical terms. In matters of personal as well as cultural (and geopolitical) expression, contests over identity are at present more likely to take the form of border skirmishes than big-power confrontations. Likewise, in sculpture, porosity, mutability, and fragmentation are the rule; monumental statements of categorical positions are the exception. So, a provisional description of contemporary American sculpture: it looks a lot like the work represented in *Suspended Instants*—generally intimate in scale and highly nuanced in texture, hostile to bombast, friendly to humble materials, open to a remarkable variety of narrative associations, and limitlessly varied. There is little here of high-tech, plug-in work, and no large-scale installation. Postminimalism's legacy, on the other hand, is felt throughout (see, for instance, Nahon's pickup sticks); likewise, the universally facilitating liberties of Dada and Surrealism (in Linnemann's embroidered stones, for example and Chun's crocheted texts). Monti's engagement with architecture, and Fasnacht's with scientific imaging, suggest the vagrancy of contemporary sculpture. But what makes these five artists most representative is that they are, on close examination, even more different than they seem, united only in further decentering the medium in which they work.

Nancy Princenthal

WORKS IN THE EXHIBITION/
OBRAS EM EXIBIÇÃO

Enrica Bernardelli, *Untitled*, 1990, iron and gold chains, dimensions variable

Seong Chun, *Cities*, 1997, text on crocheted paper, 120 x 48 x 48 inches

José Damasceno, *Elastic Cinema*, 1997, nails and elastic, 94 x 130 x 3 inches

Heide Fasnacht, *Double Cluster*, 1997, polymer clay and springs, 36 x 49 x 1½ inches

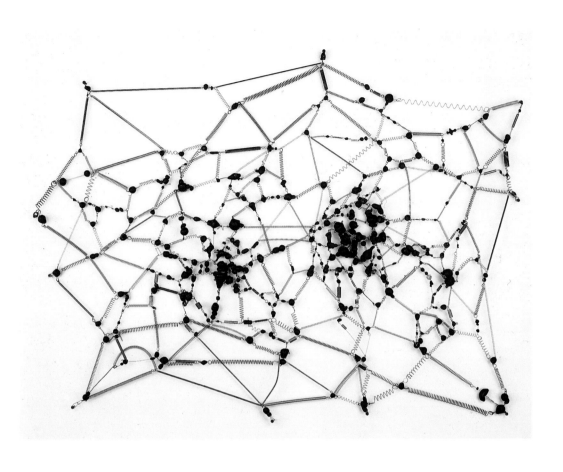

Fernanda Gomes, *Untitled*, 1997, bread and thread, dimensions variable

Carla Guagliardi, *Untitled/Fifi*, 1991-97, polyethylene tubes, water, and iron, 57 x 211 x 3 inches

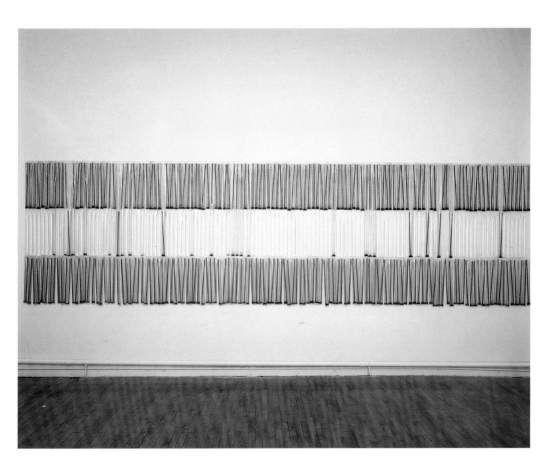

Ana Linnemann, *Rag*, 1997, stone chips, copper wire, and needles, 20 x 8 x 1½ inches

John Monti, *Black Belly*, 1997, fiberglass, foam, and pigmented rubber, 13 $\frac{1}{2}$ x 78 x 128 inches

Brigitte Nahon, *Icholi Hauperyre I, (10)o, (21) sc1*, 1997, thread and plastic, dimensions variable

Márcia Thompson, *Untitled*, 1997, oil paint and acrylic boxes, each box 8 x 8 x 3 inches

AGRADECIMENTOS

𝒫arte do compromisso da Art in General envolve a expansão de seu vocabulário de arte contemporânea, introduzindo novos artistas, curadores e programas de todo o mundo, levando seu trabalho muito além de sua galeria. Este ano tivemos o imenso prazer de incluir a cidade do Rio de Janeiro, neste processo de diálogo internacional.

Também pela primeira vez tivemos a oportunidade de trabalhar com o SculptureCenter, uma organização de apoio às artes sem fins lucrativos, localizada uptown, em Manhattan. Esta mostra, exibida em dois lugares, estabeleceu um intercambio cultural onde artistas do Brasil e de Nova Iorque puderam trabalhar e expor juntos.

Suspended Instants não teria acontecido sem o apoio fundamental de muitas pessoas e organizações, às quais gostaríamos de extender nosso sincero agradecimento.

Em especial gostaríamos de agradecer ao Cônsul Geral do Brasil em Nova Iorque, Embaixador, Marcus de Vincenzi, por seu apoio à este projeto desde o início. Também agradecemos à Marcelo Salum, Chefe do Setor Cultural do Consulado Geral do Brasil em Nova Iorque, e sua assistente Edivânia Leite pelo empenho e dedicação.

Pelo apoio financeiro dado ao catálogo e à exibição, gostaríamos de agradecer: Francisco Weffort, Ministro da Cultura do Brasil; Martin Weinstein e Teresa Lizska, membros do Corpo Diretor da Art in General; Pamela Clapp, Diretora de Programas da Fundação Andy Warhol para as Artes Visuais (The Andy Warhol Foundation for the Visual Arts); e Agnes Gund e Daniel Shapiro por sua contribuição generosa. Gostaríamos de agradecer Leonor Villanueva e Josie Sanchez da companhia aérea Continental Airlines pela ajuda no translado dos artistas do Rio de Janeiro para Nova Iorque; Robert Baker, da Bowne Business Communications, pela impressão desta publicação e Carl Gulino e Richard Carlo da Bowne Business Communications por sua ajuda na produção da mesma; e ao membro do Corpo Diretor da Art in General, Richard Stewart, por nos apresentar à Bowne Business Communications.

Este projeto começou com uma série de visitas à ateliês em Nova Iorque e no Rio de Janeiro. A viagem de Holly Block ao Brasil, contou com a assistência de Victor Tamm, do Departamento Cultural do Consulado Geral dos Estados Unidos no Rio de Janeiro. Outros agradecimentos vão para Cláudia Saldanha, Diretora da Divisão de Artes Visuais da RioArte, por ter convidado Holly para ministrar uma série de palestras no Rio e por ter doado seu tempo enquanto estagiava em Nova Iorque; à Marian Griffith, Diretora Executiva do Sculpture Center, por ter dividido esta mostra conosco e por sua assistência nos detalhes deste projeto; à Matthew Freedman e Julie Tallichet pela sugestão de artistas em Nova Iorque, bem como pela ajuda na participação do SculptureCenter neste projeto.

Esta mostra não teria acontecido sem a participação dos seguintes artistas: Enrica Bernardelli, Seong Chun, José Damasceno, Heide Fasnacht, Fernanda Gomes, Carla Guagliardi, Ana Linnemann, John Monti, Brigitte Nahon e Márcia Thompson. Agradecemos também aos nossos ensaístas convidados, Fernando Cocchiarale do Rio de Janeiro e Nancy Princenthal de Nova Iorque, por suas reflexões; Laura Miller pela programação gráfica; Michael Goodman e Marc Getlein pela edição; Michael Reade e Andréia Vizeu pela tradução; Claudia Hernandez pela coordenação da mesa redonda, Catherine Ruello e Rachel Melman pela organização de uma mostra de vídeos paralela à exibição; à Simone e Paulo Klabin pela recepção oferecida para os artistas e curadores; e a Robert Pollack da Acme Bar & Grill pela doação do espaço para a festa pós-Vernissage.

Por seu apoio, conselho e entusiasmo, gostaríamos de agradecer aos seguintes indivíduos: Professora Rose-Carol Washton Long, Diretora Executiva do Departamento de Doutorado em História da Arte no Centro de Pós-Graduação (Graduate Center) da Universidade da Cidade de Nova Iorque (City University of New York); Wiesje van Hulst, aos artistas Tunga, Anna Bella Geiger, Josely Carvalho, e Regina Carvalho (Gô); Lea Checroni-Freid por ajudar na organização da festa; Kátia Canton pela assistência na pesquisa; Carolina Geiger por sua paciência; e a nossas famílias por sua compreensão deste projeto.

Agradecemos também as seguintes galerias: Elizabeth Harris Gallery, Nova Iorque; Bill Maynes Gallery, Nova Iorque; Cristinerose Gallery, Nova Iorque; Galeria Luisa Strina, São Paulo; Galeria Joel Edelstein, Rio de Janeiro; Galeria Camargo Villaça, São Paulo; e à Marc Pottier.

Também gostaríamos de agradecer ao corpo diretor, conselheiros, e funcionários da Art in General, que apoiaram este projeto em todas as suas etapas. Um agradecimento especial vai para Andrea Pedersen, Assessora de Desenvolvimento, por seu esforço contínuo na arrecadação de fundos para este projeto; Joanna Spitzner, ex-Coordenadora da Galeria, que iniciou a coordenação deste projeto junto aos artistas; Catherine Ruello, Diretora Assistente, que guiou e manteve o projeto; Jennie C. Jones, Coordenadora de Programas Públicos e Administradora do Escritório, que também coordenou vários aspectos deste projeto; Athena Robles, Coordenadora de Comunicação Social, responsável por esta publicação e pela divulgação do evento; Seth Kelly, Supervisor da Instalação da Exibição;

e à Tally Traksbetrygier e Robert Robson pela assessoria na Instalação.

Por fim, gostaríamos de agradecer aos participantes em ambos os países por sua colaboração neste projeto que, com a publicação deste catálogo, torna-se uma realidade.   **H.B.** e **C.C.**

A JUNÇÃO DE DUAS CIDADES

O organizar de uma mostra de arte em seu contexto tradicional, equivale a curadores e artistas desencaixotando obras concluídas e as instalando nas paredes e pisos de um espaço, uma galeria, um museu, um Centro de Arte sem fins lucrativos. Neste momento, este processo tradicional tem se tornado menos interessante para a Art in General. Temos gradualmente nos engajado em desenvolver projetos que incluam os artistas na dinâmica das mostras dentro do nosso espaço. Muitas questões são levantadas ao se desenvolver uma mostra. A consideração do lugar, o local da exibição ou a instituição, e o papel dos curadores, os artistas e o público, são partes na expansão deste processo. A Art in General é um espaço onde muito deste processo tem se desenvolvido, avançando a definição da prática curatorial e permitindo um processo colaborativo entre o espaço, os curadores, os artistas e o público.

Ao organizar *Suspended Instants*, nosso processo curatorial foi definido pela seleção de artistas que colaborariam entre si; por curadores e artistas visitando novas cidades; por dar aos artistas uma oportunidade de criar um trabalho para um novo espaço, de apresentar trabalhos para um espaço especifíco (sited works), ou de ser comissionado para criar e desenvolver novos trabalhos e, finalmente pela expansão da galeria da Art in General para incluir novos espaços. Este processo, permitiu principalmente, que os artistas tomassem parte em um diálogo cada vez mais global e somassem suas vozes ao discurso internacional através da arte.

Muitos destes pontos foram parte central da nossa discussão enquanto organizávamos este projeto na Art in General, e, enquanto curadoras, queríamos garantir que a ligação entre os artistas de ambas as cidades fosse uma experiência valiosa para todos.

As duas curadoras, ambas vivendo em Nova Iorque (uma originalmente do Rio, a outra visitando o Brasil pela primeira vez), embarcaram juntas nesta viagem e rodaram ambas as cidades, visitando museus, galerias, espaços e estúdios. Começando pelo Rio, onde apesar da densa população, o ritmo é mais tranqüilo,visitas aos estúdios foram marcadas informalmente. Quando voltamos a Nova Iorque, um paraíso para os artistas e ao mesmo tempo um lugar muito difícil para se produzir e para se exibir, nós começamos o processo revisando slides, visitando mostras e galerias para decidir que estúdios visitar. Também nos reunimos com freqüência para definir o formato do show. Reduzimos o número para cinco artistas do Rio e cinco de Nova Iorque, com a intenção de mesclar as seleções tanto na Art in General quanto no SculpureCenter.

Algumas opções nos pareceram óbvias, outras mais difíceis. Como curadoras nós nos comprometemos a trazer os cinco artistas do Rio para a instalação, o vernissage e as mesas redondas que acompanhassem a mostra. Alguns artistas foram convidados a trabalhar diretamente no espaço, como Carla Guagliardi, Fernanda Gomes e José Damasceno; outros foram comissionados para criar novos trabalhos como John Monti e Brigitte Nahon, ou instalar trabalhos selecionados nas visitas aos estúdios: Heide Fasnacht, Enrica Bernardelli, Márcia Thompson, Seong Chun, e Ana Linnemann. Também decidimos quais dos artistas estariam presentes durante a instalação. Alguns deles chegaram com os materiais em mãos enquanto outros buscaram seus materiais depois que chegaram a Nova Iorque nos dez dias de preparação para o vernissage de *Suspended Instants*.

Essa exibição, baseada nas práticas Minimalistas e Pósminimalistas, utiliza materiais de uma forma a permitir uma experiência densa e discreta. Mas, não só os materiais uniram esses dez artistas. Com sua atenção para detalhe demonstrada nos trabalhos em série, através da repetição, da suspensão do tempo, espaço e da forma, e, da abordagem cor/não-cor, os artistas deixaram que o espaço ditasse o trabalho. Um outro aspecto dos trabalhos na mostra é a fascinação dos artistas com o mais puro ponto de vista. Hoje em dia somos bombardeados com informações que acrescentam complexidade e multiplicidade à vida, esses artistas no entanto, buscam um espaço mais contemplativo, um ponto de descanso, um processo de redução. Contemplação e a necessidade desses artistas de simplificar podem ser vistos como os temas subliminares deste show que unificam os trabalhos apesar de suas origens disparatadas e dos locais onde são exibidos: Art in General e Sculpture Center.

Os materiais e matérias, comprados ou achados, abundam tanto em Nova Iorque quanto no Rio. Buscando simplificar, os artistas estão utilizando, reprocessando e reciclando para criar novas definições para novos materiais como a borracha, molas de metal, serragem, papel crochetado, gomas elásticas, linhas e outros mais. Não importa se pendurados no teto, presos as paredes ou equilibrados no chão, os materiais utilizados nesta exibição continuam a acrescentar ao vocabulário da arte contemporânea. Um conhecimento da história alheia, a oportunidade de participar em *Suspended Instants*, e o uso econômico de materiais existentes criam um elo entre esses artistas unidos por um mesmo projeto.

Holly Block
Co-curadora

DESFAZENDO
A FORMA

Suspended Instants apresenta trabalhos de jovens artistas brasileiros e novaiorquinos que questionam os limites da escultura, estendendo sua fronteiras. Esses artistas trabalham com materiais diversos, discutindo a questão do tempo, e explorando a poética do espaço. As peças resistem à imediata aquisição do olhar; mas quando este absorve os trabalhos de uma forma generosa e delicada, ele é recompensado.

Muitos dos trabalhos operam na área liminal entre a escultura e outras categorias tradicionais da arte. Os emaranhados de correntes douradas de Enrica Bernardelli, por exemplo, transformam linhas em volumes, fazendo a passagem do desenho para a escultura. Mediação similar se apresenta na peça de José Damasceno *Cinema Elástico*, feita na parede com pregos e elásticos; nas esculturas de Heide Fasnacht unindo pequenas formas de argila à molas, e; nas delicadas peças de Brigitte Nahon, cujos fios enlaçam bolas de plástico trasparentes em suas finas teias.

Os limites entre Instalação e escultura são questionados também na peça de chão de Damasceno, que consiste de múltiplos violões, feitos de serragem, água e cola; e na série de Carla Guagliardi, onde barras de ferro são inseridas em tubos plásticos cheios de água. John Monti em sua monumental peça de chão feita de borracha e fibra de vidro transgride ainda um outro gênero: a arquitetura. Finalmente, Márcia Thompson explora os limites entre escultura e pintura ao preencher caixas de acrilico com tinta blanco. Aqui, o meio (a pintura) se torna o material.

Muitos dos trabalhos nesta exibição escapam associações da escultura com conceitos como permanência, peso e solidez, insistindo na existência do temporal e do fluído. Ao invés de encontrar formas sólidas e determinadas, nos deparamos com formas suspensas do teto, deitadas no chão, ou fixadas na parede, eliminado a sensação de peso.

As peças quase invisíveis de Fernanda Gomes, trazem a tona a sutil distinção entre o visível e o imperceptível, bem como o momento em que seus territórios se interlaçam. Gomes utiliza ímãs para ligar fios brancos à objectos banais como agulhas, filtros de cigarro, crostas de pão e pedaços de sabão. Cada um destes elementos funciona apenas como um peso. As linhas, por sua vez, cortam o espaço criando volumes e movimentos que são apenas percebidos por um olhar atento.

Brigitte Nahon usa fios negros para enlaçar esferas plásticas em teias transparentes. Suspensa do teto ao chão, a peça de Nahon se auto duplica ao projetar sua sombra na parede, refletindo, ao mesmo tempo, o espaço que a cerca. Guagliardi também trabalha com a questão da transparência. Em sua peça, o processo de corrosão que acontece dentro dos tubos de plástico é cristalino. Equilíbrio e tensão são preocupações presentes tanto no trabalho de Nahon quanto no de Guagliardi. Na instalação de Guagliardi, o acúmulo de ferrugem rompe o equilíbrio e provoca vazamentos imprevisíveis. Nahon estica seus fios até o limite do rompimento. Assim, as bolas de plástico transparentes se tornam reféns dos fios. A linha frágil é que sustenta o peso das bolas transparentes. Diante da escultura etérea de Nahon, esses instantes em que tudo fica suspenso por um fio no ar são revelados.

Nas obras de Seong Chun e de Ana Linnemann, a ausência se faz presente. Em Chun, as delicadas tiras de papel-crochê, inspiradas em textos filosóficos de Italo Calvino e de Iris Murdoch, nos falam do vazio, da solidão e do silêncio; assim como o fazem as pedras costuradas por Linnemann na série *Pedras Rendadas*. Estas esculturas requerem um exercício de paciência quase obssessivo. Os elementos usados por Linnemann—pedras, fios metálicos e agulhas—são tão disparatados que beiram o surreal. A artista brinca com o ato feminino e acolhedor de costurar. Mas aqui a generosidade implícita no ato está perdida; uma total falta de senso prático permeia a ação. Costurar se torna um ato vazio e sem proposta. As esculturas

de Nahon, Chun, e Gomes possuem qualidades efêmeras, enquanto as peças de Linnemann parecem eternas.

Tempo é ainda uma outra consideração dos artistas de *Suspended Instants*. As esculturas de água e ferro de Guagliardi exploram a passagem do tempo e seu efeito irreversível. "Cada vez que o espectador pisca," diz Guagliardi, "uma nova forma se revela." As preciosas correntes douradas de Bernardelli, também assumem novas formas na medida em que são reposicionadas no espaço. Memória e história são discutidas na obra de Bernardelli. O uso de correntes de ouro é uma tradição secular, que passa de uma geração à outra. O vácuo imanente da infinidade de elos que compõem as correntes, encontra eco no silêncio do *Mapa da Esculptura*, uma peça em que um papel todo branco é perfurado em uma das suas bordas. Ambas as peças falam de ausência e presença.

As caixas acrílicas de Márcia Thompson, por outro lado, feitas de tinta a óleo, cera e papel, são em si, uma afirmativa da matéria. Thompson quer retirar de sua obra todos os elementos e referências alheias ao terreno da arte. Existe um aspecto mecânico e repetitivo no ato de preencher estas caixas transparentes com massas de tinta branca. Depois de prontas, as caixas escapem da aparente uniformidade do ato mecânico. Formas irregulares e ímpares, contrastam com a geometria precisa das caixas de acrílico; a anomalia se reafirma, ainda mais sedutora, entremeio a esterilidade do homogêneo.

A sedução também se faz presente nas peças de John Monti. Monti diz que suas esculturas "lidam com interpretações da realidade que brincam com a nossa psiquê, convidando o espectador à uma identificação elusiva." A peça sugere um munda aindo por se revelar. A qualidade biomórfica de *Black Belly*, uma escultura em fibra de vidro coberta de plástico, invoca a sensualidade, levando o espectador a uma percepção mais íntima da peça.

A obra de Heide Fasnacht mapeia espaços imaginários, usando diagramas e tabelas, dando à eles um ar sólido, palpável e tangível. O resultado é uma tensão no jogo entre abstração e representação.

Os artistas de *Suspended Instants* se inspiraram em uma variedade de influências internacionais, entre elas, o Construtivismo Europeu, o Minimalismo Americano, o Pósminimalismo e, particularmente, na obra de Eva Hesse. É necessário mencionar também o movimento Italiano Arte Povera que, com o uso investigativo e inventivo de materiais, é claramente um precursor das obras nesta exibição. A grade, a repetição e a serialidade apresentadas nas obras de Guagliardi e Monti, por exemplo, invocam princípios minimalistas. Ao mesmo tempo, pode-se dizer que ambos artistas também trabalham com idéias Pósminimalistas. Na

escultura de Monti, isto se apresenta na sensualidade voluptuosa. Já no trabalho de Guagliardi, a influência pósminimalista é evidente no processo orgânico em que o ferro é corrioido pela água.

Os trabalhos em *Suspended Instants* são tão brasileiro quanto internacionais e cosmopolitas. Eles abordam o movimento Neoconcreto dos anos 60, que abriu a arte brasileira ao experimentalismo. Hélio Oticica e Lygia Clark são os dois expoentes deste movimento cuja influência nesta mostra é inegável. Os artistas participantes também sofreram influência da geração que sucedeu o Neoconcretismo, em especial artistas como Tunga, Waltércio Caldas, Cildo Meireles, e José Resende.

Muitos dos novos artistas contemporâneos questionam o contexto social e político e exploram questões de identidade cultural. Os artistas apresentados em *Suspended Instants* não são motivados por essas questões, mas sim, por formas, materiais e processo. Que este conjunto de obras, significante em si mesmo, coexista com um trabalho politicamente, engajado, é uma das provas da vitalidade do pluralismo vital da arte atual.

Claudia Calirman
Co-curadora

ARTE CONTEMPORÂNEA BRASILEIRA: UM EXERCÍCIO EXPERIMENTAL DE LIBERDADE

*A*s obras brasileiras da mostra *Suspended Instants* parecem deliberadamente despolitizadas contrariando, assim, a ordem do dia da arte internacional. Essa suposta alienação, talvez inversa às expectativas de parte da crítica e do público americano, nasce da transitiva e silenciosa ambigüidade produzida pelas obras desses artistas e da ausência evidente de traços miméticos nos trabalhos. Para os que desconhecem o Brasil e sua arte é, portanto, indispensável a apresentação, ainda que sumária, das circunstâncias históricas que fazem com que parcela significativa da produção contemporânea brasileira siga uma via diversa à da politização explícita, hoje tão valorizada.

Tal qual em outros países da América Latina, o começo da Arte Moderna no Brasil, na segunda década do século, foi marcado não somente pelo confronto com as vertentes acadêmicas, como pelas restrições à sua própria expansão impostas por uma realidade sócio-econômica paradoxal: se por um lado as grandes cidades, sobretudo o Rio de Janeiro e São Paulo, viviam um cotidiano moderno, propiciado pela indus-trialização nascente, por outro, a articulação orgânica dessas metrópoles com uma economia então predominantemente agro-exportadora, socialmente retrógrada e da qual dependiam, conspirava contra a implantação generalizada do capitalismo que nelas se anunciava.

Trançada com alguns fios de modernidade e as amarras de uma estrutura arcaica, essa contradição histórica já colocava para os intelectuais e artistas da época problemas urgentes, extra-artísticos, sobre os quais tinham que se pronunciar: qual a relação entre as questões universais nascidas no terreno moderno da cidade e as nacionais, germinadas há séculos no solo conservador do latifúndio e da monocultura? Como articulá-las em um projeto cultural moderno que, criticando obstáculos sociais profundamente enraizados no passado, mantivesse, entretanto, suas tradições?

Em maio de 1928, o poeta e escritor Oswald de Andrade lançou, em São Paulo, o Manifesto Antropófago, publicado no primeiro número da Revista de Antropofagia. Dentre as diversas formulações sobre a especificidade cultural do país, originadas no marco emblemático da Semana de Arte Moderna (São Paulo, 1922), esta foi a única de significado marcante para o desenvolvimento futuro da arte brasileira, pois estabeleceu as bases para a sua atual autoconfiança e inserção positiva no contexto internacional. A Antropofagia, porém, nunca se constituiu em um *ismo* ou movimento artístico. Era, antes, um modelo que prescrevia ser a cultura local o resultado da deglutição e digestão antropofágicas das influências externas. Mesmo assim, apesar de se constituir na mais brilhante proposta de um modelo cultural próprio, embora sem chauvinismo, não foi de imediato vitoriosa, tendo coexistido, em desvantagem mesmo, com outras respostas ao problema.

Talvez por isso todo o desenvolvimento da arte brasileira, até o surgimento das vertentes abstracionistas na passagem dos anos 40 para os 50, continuou sobredeterminado pela discussão dos fundamentos nacionais da modernidade. Ao longo daqueles 30 anos a produção cultural do país gravitou em torno de questões essencialmente ideológicas, como a brasilidade e o regionalismo, que terminaram por eclipsar a possibilidade de uma polêmica estética similar à que ocorria na Europa.

Não seria impróprio dizer que a politização e a conseqüente desestetização do debate sobre a arte brasileira foi um fator que adiou, até o final da década de 40, sua efetiva modernização, pois, a invenção formal e a pesquisa de linguagem que caracterizam as vanguardas deveriam florescer sobretudo no campo específico da arte, e não estritamente no território deslocado do discurso social.

Contra essa arte quase academizada formaram-se, logo após a 2ª Grande Guerra, no Rio de Janeiro e em São Paulo, os primeiros grupos de artistas abstrato-concretos do Brasil. O nascimento da nova tendência não só coincidia com a redemocratização ocorrida em 1945, após a queda da ditadura de Getúlio Vargas, no poder desde 1930, como manifestava, no campo cultural, o espírito propiciado pela reconquista dos direitos civis, aos quais agregou, simbolicamente, a liberdade de divergir para renovar. Nesse sentido, a simples emergência dos abstracionismos geométrico e informal no panorama cultural do país era, naquele momento, mais politizada e radical do que o desgastado Realismo Social pois instaurava uma dissidência capaz de abalar o monopólio da arte dominante.

Pela primeira vez e tardiamente a arte brasileira pôde, enfim, produzir suas primeiras vanguardas, desde logo envolvidas, por divergências teóricas e práticas, em uma intensa polêmica, que se estendeu durante os anos 50 e teve por pólos principais os grupos concretistas de São Paulo (Grupo Ruptura, 1952) e do Rio de Janeiro (Grupo Frente, 1953), e, secundariamente, o Informalismo que, por privilegiar a expressão individual, não chegou a formar grupos organizados.

A penetração das idéias construtivas no Brasil, no momento em que a arte internacional gravitava em torno do Expressionismo Abstrato e do Tachismo, foi certamente determinada por circunstâncias locais. Período de intensa industrialização, a década de 50 mobilizou segmentos importantes da arte e da intelectualidade em torno das transformações em curso, simbolizadas pela construção da nova capital, Brasília, em 1961. Se o Realismo Social, ao interessar-se pelas tradições populares terminava refém do passado, o Construtivismo, inversamente, permitia projetar o futuro.

Os grupos concretistas de São Paulo (Geraldo de Barros, Charoux, Waldemar Cordeiro, Fiaminghi, Sacilotto, Judith Lauand, etc.) e do Rio de Janeiro (Carvão, Amílcar de Castro, Lygia Clark, Hélio Oiticica, Lygia Pape, Weissmann etc.), desde suas origens, trabalharam questões diversas. Enquanto os primeiros seguiam criteriosamente os princípios teóricos do Concretismo internacional, os últimos pareciam desconsiderá-los em nome dos caminhos abertos por suas experiências. A trajetória dissidente do grupo do Rio culminou, em 1959, com a fundação do Neoconcretismo, ao qual aderiram Hércules Barsotti e Willys de Castro, de São Paulo. A rebeldia da nova tendência em relação aos postulados internacionais da Arte Concreta, fielmente adotados pelo grupo paulista, possibilitou o surgimento de propostas que estão na origem de parte significativa da arte contemporânea do país, referenciando, em particular, a produção daqueles artistas ligados ao Rio de Janeiro, caso dos brasileiros que integram a exposição *Suspended Instants*.

Entretanto, ao contrário do que seríamos levados a supor, a principal con-

tribuição neoconcreta para a arte contemporânea brasileira não é exclusivamente formal (construção), mas, metodológica: consiste na valorização do experimental (processo) frente a quaisquer princípios normativos que limitem a invenção. A originalidade das obras de Lygia Clark, Hélio Oiticica e Lygia Pape, por exemplo, deve ser creditada antes à experimentação, que lhes permitiu transcender as questões formais do Concretismo e depois o próprio Neoconcretismo, do que à estrita opção pela geometria, feita, aliás, por outros setores da vanguarda brasileira sem os mesmos resultados.

Nos anos 60, quando da consagração das novas tendências da arte americana e européia, como a *Pop*, o *Noveau Réalisme*, etc., surgidas na exaustão do repertório estrito do Abstracionismo, a arte produzida no Brasil já possuía referências essenciais próprias que emprestavam sentido singular à sua inserção nas questões da vanguarda internacional. Ao mesmo tempo tinha que se posicionar frente aos problemas políticos suscitados pelas ações discricionárias da ditadura militar implantada em 1964, e que permaneceu no poder até 1985.

Sob o impacto das primeiras medidas repressivas do governo militar, a chamada Nova Figuração foi lançada nas mostras Opinião 65, realizada em agosto no Rio de Janeiro e Propostas 65, inaugurada em São Paulo no mês de dezembro. O sentido político dessas exposições, que já se anunciava nos títulos alusivos à liberdade de expressão, decorreu da participação de alguns artistas oriundos das vanguardas surgidas na década anterior, configurando uma espécie de frente cultural difusa pela defesa da liberdade de propor e de opinar.

Embora de tom ético-político, a questão teve implicações estéticas duradouras: não por estabelecer um novo movimento, mas por explicitar, para aquela geração, principalmente através da reflexão de Hélio Oiticica (1937–1980) e do pensamento crítico de Mário Pedrosa (1900–1981), o sentido histórico específico de sua contribuição para o futuro da arte brasileira.

No catálogo da mostra Nova Objetividade Brasileira, inaugurada em 1967, Hélio Oiticica publicou o texto Esquema Geral da Nova Objetividade que "seria a formulação de um estado da arte brasileira de vanguarda atual" e não "um movimento dogmático, esteticista (como, p. ex., foi o Cubismo, e também outros ismos constituídos como uma 'unidade de pensamento'), mas uma "chegada", constituída de múltiplas tendências, onde a "falta de unidade de pensamento" é uma característica importante ..." Listava também as seis características desse estado geral (entre elas, tendência para o objeto face ao esgotamento do quadro, participação do espectador, tomada de posição em relação a problemas políticos, sociais e éticos, criação de novas condições experimentais), reconhecendo na Antropofagia (1928) um dos

passos decisivos em direção à Nova Objetividade. Traçava, então, uma genealogia preocupada, antes de tudo, com a caracterização de uma *atitude brasileira de vanguarda* e não com o estabelecimento de características plástico-formais típicas de nossa arte. Consideradas circunstâncias tecidas desde o passado, não havia outra alternativa. Some-se a isso as profundas afinidades entre a lógica antropofágica e a do experimentalismo de origem neoconcreta legitimando sua aproximação: ambos privilegiavam o processo (tempo) como única garantia de uma expressão genuína, contra a aceitação dogmática de normas exógenas—tendências avalizadas pela "verdade" de centros culturais hegemônicos, princípios estéticos, etc.. Somente o processo, em sua dinâmica própria, interna, poderia ultrapassar e subverter limites, desempenhando um papel fundamental na invenção de alternativas estético-criativas grupais e individuais, embora comprometidas com questões da arte universal.

Pouco antes e de modo análogo ao de Oiticica, Mário Pedrosa havia explicitado um dos caminhos possíveis da nossa vanguarda ao cunhar o mote "exercício experimental de liberdade" situado na origem do que chamou, ainda nos anos 60, de "arte pós-moderna", justificada, segundo ele, pela tendência para a abolição dos ismos, hoje confirmada e que na época apenas se anunciava.

Essa base histórica, resultado do entrecruzamento na Nova Objetividade de dois momentos extremamente inventivos da produção artística do país, possibilitou a progressiva formação de um campo de ação experimental constituído pela contribuição de artistas de várias tendências e não apenas daquelas construtivistas. É importante assinalar que o experimentalismo pensado enquanto questão—"exercício experimental de liberdade"—assumiu no Brasil o caráter de um divisor de águas coletivo, não devendo ser confundido com processos experimentais nascidos espontaneamente nas práticas artísticas. Permitiu a configuração de uma tradição em trânsito que, sem constituir um repertório formal ou temático, vem referenciando, caso a caso, a obra de parte de algumas gerações de artistas contemporâneos.

Dentro desse marco histórico podem ser situados os brasileiros da mostra *Suspended Instants*. Em seus olhares, ainda que involuntariamente, ecoam exemplos de obras singulares agrupadas em uma mesma constelação: tomadas individualmente elas podem, sem dúvida, ser remetidas às questões da arte internacional, seu desenho, porém, vem sendo traçado de maneira própria.

Fernando Cocchiarale

ESCULTURAS AMERICANAS CONTEMPORÂNEAS: WEBS NO MUNDO REAL

É possível dizer com segurança que pintores se preocupam, ao menos implícidamente, com as convenções de sua arte, o que faz com que as pinturas sejam identificadas com mais facilidade. O mesmo acontece com fotografias ou mobiliário. A única definição possível em relação à escultura contemporânea, no entanto, é que não se encaixa em nenhum dos exemplos acima. Ao contrário, preenche o espaço entre estas modalidades, como também entre a inércia e o movimento, a produção pessoal e a comercial—da mesma forma que sempre, fundamentalmente, se colocou entre a apresentação e a representação, entre a coisa em si e seu símbolo. Recentemente, pouco afeita à introspecção, a escultura tem se dirigido às suas próprias margens; sendo o transpor de limites uma de suas atividades preferidas. Sala de jogos e quintal, cozinha e cesta de costura, sala de operação e laboratório de pesquisa, programa digital e produção computadorizada, são prováveis pontos de partida. Não é que os escultores estejam investigando as qualidades específicas destas fontes, mas que se ocupam em tecer teias/webs entres elas, tornando mais complexos os espaços funcionais e simbólicos através dos quais nos movemos, tanto na arte com em outras áreas.

Dispersão, fragmentação, e outras formas de oposição à forma singular e monumental têm, é claro, impulsionado a escultura há muito tempo. O abandono do eixo de composição (e da figura) foram essenciais para a escultura do início do século XX, abrindo o caminho para o "campo ampliado" no qual, há mais de vinte e cinco anos, artistas começaram a se sentir à vontade. Minimalismo e a organização de unidades geométricas regulares; as estratégias baseadas em contingências de "espalhar-e-derramar" do Pós-Minimalismo (quase contemporâneo ao próprio Minimalismo); Earthworks, criados como resistência não só ao sistemas centralizantes dos espaços de exposição e de marketing, mas também à forma escultural sólida e única; e Conceitualismo, que algumas vezes forneceu às outras três vertentes uma referência teórica contrária—estes são os principais caminhos por onde a escultura ainda flui. Ou talvez seja melhor dizer que estes trabalhos marcam o fim de um período no qual tais categorias—apesar de tênuemente definidas e promiscuamente interligadas—pudessem coexistir. De qualquer forma, eles demarcaram o terreno onde a atual geração de artistas foi educada, e serviu como pontos de resistência e freqüentemente como fonte renovável de inspiração.

Pode-se dizer o mesmo de algumas carreiras exemplares—mencionar Bruce Nauman, por exemplo, parece inevitável.

Sua produção, super variada, e sua visão, cáustica ao extremo, porém marcada por compaixão e idealismo, fazem com que sua influência (ou ao menos sua pertinência) seja identificável nas mais variadas esculturas. Palavra e coisa, informação empiricamente observável e suposição a priori, fazem parte dos binários com os quais ele opera. A inclusão informal do vídeo no campo da escultura faz parte de seus atos mais influentes. No entanto, o gesto de Nauman que teve maior resonância foi, possivelmente, seu olhar impertinente para o que está entre e sob os espaços cotidianos. Ao lançar em as esculturas o espaço sob uma cadeira (gesso-1965), ou, o espaço entre duas caixas no chão (fibra de vidro-1966), ele não apenas estabeleceu precedentes, em alguns trabalhos, para toda uma carreira (Rachel Whitehead), mas criou uma metonímia para toda a escultura contemporânea que opera entre e sob o mobiliário confiável do nosso meio físico.

É claro que há outros lugares onde podemos encontrar influências significativas na escultura atual. Enquanto Nauman, em geral, começa com linguagens codificadas que expressam experiência física, Eva Hesse e, posteriormente, Kiki Smith, têm como ponto de partida o outro extremo da trajetória. Trabalhando a partir de tradições muito distintas, ambas abordaram o corpo humano como uma estação geradora, um receptáculo, e uma posição variável numa sequência de reproduções que faz com que o original e a cópia sejam indistinguíveis: daí a importância para ambas de multiplicáveis e multiplicidade. Igualmente, as duas artistas demonstram, por um lado, uma preocupação constante com a interioridade, essencialmente indeterminável, e por outro lado com os limites externos da identidade física.

As conclusões que têm sido tiradas destas várias carreiras e movimentos paradigmáticos podem ser organizadas de maneiras diversas, sendo que nenhuma é conclusiva. Há um grande número de esculturas produzidas atualmente que ocupam o espaço originalmente ocupado por trabalhos para "site-specific" (trabalhos concebidos para um espaço determinado) apesar de que as novas intalações não necessitam ter um compromisso específico com o contexto. Cady Noland, Pepon Osorio, Jason Rhoades, e Jessica Stockholder estão entre os inúmeros artistas que utilizam objetos produzidos comercialmente, facilmente acessíveis, e que trabalham o universo de consumo com o mesmo vigor em que foi aplicado ao ambiente natural. As esculturas desta tendências variam muito. Osorio, por exemplo, utiliza associações pessoais e culturais muito específicas, enquanto que Stockholder é explícidamente ligada à tradição do expressionismo abstrato. Mas ambos têm em comum uma abordagem extemporânea ao processo criativo, além de uma atitude de posse em relação ao espaço e aos materiais.

Historicamente, é claro, o uso de objetos pre-existentes ou "encontrados" é ligado ao Surrealismo, como também a exploração do efeito estranho que objetos do cotidiano possam causar quando isolados e deslocados. A herança do Surrealismo e, particularmente, da fotografia surrealista, continua a ter ressonâncias. Vários artistas—Gabriel Orozco, Zoe Leonard—fazem conexões explícitas entre a captação fotográfica de momentos alienados da vida cotidiana, e a apropriação de objetos do cotidiano para esculturas. Outros, como Jennifer Pastor, continuam a tradição surrealista ao re-inventar objetos comerciais, produzindo versões ampliadas ou artificialmente melhoradas de ícones decorativos norte-americanos. Charles Ray é um mestre estabelecido deste gênero, que tirou qualquer reverência das investigações abstratas de tamanho, como fez por exemplo com manequins reduzidos ou aumentados. Mike Kelley, um artista baseado na Califórnia (como Pastor e Ray), deve menos à tradição basicamente poética do Surrealismo que ao Dada, cuja energia anárquica e às vezes venenosa é mantida através de um trabalho extremamente influente de multimídia.

Tão obssesivo com seus temas quanto com a maneira de representá-los, Kelley pratica uma espécie de queimada artística, deixando atrás de si pouco material cultivável. Seu modelo é um dos poderosos exemplos, entre muitos circulando atualmente, que tratam com ironia e desprezo os temas sociais da arte. Outros artistas continuam a usar escultura como um instrumento de análise social, muitas vezes incorporando objetos já existentes (Fred Wilson, Gary Simmons). Recentemente, no entanto, tem havido um retraimento de trabalhos que abordam questões de raça, classe e gênero. Aqui, também, a regra é cruzar as fronteiras, como é o caso de trabalhos que dão ênfase à intimidade e ao processo manual, tradicionalmente associados a uma crítica feminista do Minimalismo e hoje frequentemente empregado por homens. No que pode ser chamado de uma visão revisionista da "Process Art," especialmente em sua relação com trabalhos manuais, Oliver Herring tece mylar e Charles LeDray costura miniaturas de roupas, enquanto Tom Friedman constrói miniaturas usando materiais como cabelo humano, sabonete, tôcos de lápis e chiclete. A meticulosa arte empregada nos "tableaux" algumas vezes hiperrealistas de Roxy Paine e as frágeis gavinhas de gêsso e arame que caracterizam as abstrações ligeiramente debochadas de Daniel Weiner, são igualmente parte de uma preferência geral por abordagens acanhadas e indiretas sobre questões ligadas aos meios e objetivos da escultura.

O mesmo tipo de ambivalência é característico também em trabalhos que assumem um caráter funcional, como os módulos de sentar e os quartos móveis de Andrea Zittel, ou as faça-você-mesmo esculturas/cabines-de-escuta de Charles Long e Stereolab. Ao invés de se apoiarem nas formulações utópicas do início do Modernismo, que integravam belas artes e artes aplicadas, estes artistas estão engajados numa tradição mais tardia e mais cética, que abrange diferenças culturais e individuais, confiando no acaso como estratégia e no humor como parâmetro emocional. O colapso de protocolos interdisciplinares pode ser compreendido com mais facilidade se considerarmos a crescente informalidade na relação entre bens de consumo e esculturas—como na integração entre vídeo e escultura, por exemplo. Artistas que focam exclusivamente em instalações de vídeo (Bill Viola, Gary Hill, Diana Thater) têm agora a companhia de outros que usam vídeo como parte da atividade escultórica (Maureen Connor, David Hammons). Semelhante processo ocorre com vários escultores que ampliaram sua prática para incluir fotografia (Petah Coyne, Lesley Dill, Nene Humphrey), como também, de forma mais tradicional, gravura e desenho. De maneira geral, estas escolhas não são motivadas por um interesse no meio em si, mas pela busca de temáticas que não possam ser facilmente confinadas a apenas um meio.

Como várias exposições recentes que fazem um apanhado geral da produção atual têm deixado claro, o antigo e descartado modelo de formalismo e autoconsciência em relação ao meio têm sido substituido, em parte, por uma autoconsciência com a apresentação. O processo de colecionar e exibir arte, visto de uma perspectiva histórica e social, têm sido objeto de crítica em boa parte dos trabalhos recentes. *A Bienal do Whitney Museum* de 1997 apresentou trabalhos diminutos, com interrupções contínuas e extendidos lateralmente como uma coleção de curiosidades (Orozco, Rhoades, Michael Ashkin, Chris Burden). A Bienal poderia ter sido chamada de uma competição internacional de arte exposta em mesas—tal qual a *Documenta*, na qual o gabinete de curiosidades do século XVII foi substituido por um paradigma mais contemporâneo, que inclui pedaços de informação necessáriamente baratos e infinitamente reprodutíveis.

Ambas estas exposições, e especialmente a 'exclusivamente' norte-americana da Bienal do Whitney, também enfatizaram a futilidade (e, tácitamente, o perigo) de isolar a identidade nacional, seja em termos práticos ou ideológicos. Em questões de expressão pessoal ou cultural (e geo-política), competições sobre identidade mais parecem incidentes fronteiriços que confrontos entre grandes potências. Igualmente na escultura, porosidade, mutabilidade e fragmentação são a ordem do dia; declarações monumentais ou posições categóricas, a excessão. Assim, podemos fazer uma descrição provisória da escultura norte-americana contemporânea: ela se parece muito com os trabalhos mostrados em *Suspended Instants*—geralmente íntima em escala e cheia de nuances de textura, hostil à pompa, amiga de materiais simples, aberta a uma enorme variedade de associações narrativas, e infinitamente variada. Aqui, há pouco high-tech, trabalhos eletrônicos, e nada de instalações grandiosas. A herança do pós-minimalismo, no entanto, se faz sentir (como nos gravetos de pegar de Nahon). Igualmente, presenciamos a expansiva liberdade universal do Dada e do Surrealismo (por exemplo, nas pedras bordadas de Linnemann e nos textos crochetados de Chun). O envolvimento de Monti com arquitetura e as visões científicas de Fasnacht, sugerem os percursos indefinidos da escultura contemporânea. Mas o que faz com que estes cinco artistas sejam especialmente representativos é que eles são, se examinarmos com atenção, ainda mais diferentes do que parecem ser, ligados apenas em descentralizar ainda mais o meio no qual trabalham.

Nancy Princenthal

65

Enrica Bernardelli   b. 1959, Brisca, Italy. Lives in Rio de Janeiro.
Nasceu em 1959 em Brisca, na Itália. Reside no Rio de Janeiro.

Selected Solo Exhibitions (Exposições Individuais Selecionadas): 1997: *Rodados*, Galeria Joel Edelstein, Rio de Janeiro. 1996: *Amigos do Calouste,* Centro de Artes Calouste Gulbenkian, Rio de Janeiro; *Recipientes,* Centro de Artes Calouste Gulbenkian, Rio de Janeiro; 1993: *Objeto Lacrado,* Galeria do IBEU (Instituto Brasil Estados Unidos), Rio de Janeiro; 1991: *Série Matrizes,* Galeria Sérgio Porto, Rio de Janeiro. **Selected Group Exhibitions (Exposições Coletivas Selecionadas):** 1996: *Novas Aquisições,* Museu de Arte Moderna, Rio de Janeiro; *Novas Aquisições,* Museu de Arte Moderna da Bahia, Salvador; *Esculturas no Paço*, Paço Imperial, Rio de Janeiro. 1995: *Situações Transitivas,* Galeria Joel Edelstein, Rio de Janeiro; *XIX Salão Nacional de Artes Plásticas,* Museu Nacional de Belas Artes, Rio de Janeiro. 1994: *Escultura Carioca,* Paço Imperial, Rio de Janeiro. 1993: *Um Olhar Sobre Joseph Beuys,* Museu de Arte de Brasília, DF (Distrito Federal); *XVII Salão Carioca,* Escola de Artes Visuais do Parque Lage, Rio de Janeiro; *XIII Salão Nacional de Artes Plásticas,* Salão Gustavo Capanema, Rio de Janeiro. 1991: *Imagem Sobre Imagem,* Galeria Sérgio Porto, Rio de Janeiro; *XV Salão Carioca*, Escola de Artes Visuais do Parque Lage, Rio de Janeiro. 1990: *Pintura e Objetos,* Pequena Galeria, Rio de Janeiro. 1989: *68 x 80,* Galeria Sérgio Porto, Rio de Janeiro; *Tudo em Geral,* Galeria C.I.R., Rio de Janeiro. 1988: *Escultura ao Ar Livre,* Escola de Artes Visuais do Parque Lage, Rio de Janeiro; *Bienal de Escultura do Rio de Janeiro,* Escola de Artes Visuais do Parque Lage, Rio de Janeiro. **Selected Bibliography (Bibliografia Selecionada):** João Ximenes, "Geração 90," in *O Dia* (January 2, 1994).

Seong Chun   b. 1966, Seoul, South Korea. Lives in New York City.
Nasceu em 1966 em Seoul, Coréia do Sul. Reside em Nova Iorque.

Selected Solo Exhibitions (Exposições Individuais Selecionadas): 1997: Esso Gallery, New York; *Momenta Art*, Brooklyn, New York. **Selected Group Exhibitions (Exposições Coletivas Selecionadas):** 1997: *The Art Exchange Show,* Esso Gallery, New York, and Fillipo Fossati, Turin; *XVII Annual Artist in the Marketplace Exhibition*, The Bronx Museum of the Arts, New York. 1996: *96 Sauce,* Sauce Gallery, Brooklyn, New York. 1995: *Night of 1,000 Drawings,* Artists Space, New York; *The Matchbox Show,* Art in General, New York; *Three Rivers Arts Festival Exhibition*, Pittsburgh. 1993: *America A Europa Evento A 360*, Pino Molica Gallery, Rome. 1992: *America A Europa Evento A 360,* Pino Molica Gallery, New York; *Asian American Heritage,* World Trade Center, New York. 1991: Rosenberg Gallery, New York; *Painting's Perspectives*, Barney Building, New York. 1987: Alternative Space, San

Diego. **Selected Bibliography (Bibliografia Selecionada)**: Bill Arning, "XVII Annual Artist in the Marketplace Exhibition," in *Time Out NY* (August 14-21, 1997), p. 46. Holland Cotter, "A Flock of Fledglings, Testing Their Wings," in *The New York Times* (August 1, 1997), p. C26.

| **José Damasceno** | b. 1968, Rio de Janeiro. Lives in Rio de Janeiro. |
| | Nasceu em 1968 no Rio de Janeiro. Reside no Rio de Janeiro. |

Selected Solo Exhibitions (Exposições Individuais Selecionadas): 1995: *Octopos,* Galeria Camargo Vilaça, São Paulo. 1994: *Reunião Imprevista,* Centro de Artes Calouste Gulbenkian, Rio de Janeiro; *Desenhos e Esculturas,* Galeria do IBEU (Instituto Brasil Estados Unidos), Copacabana; *Perfurações,* Galeria do IBEU (Instituto Brasil Estados Unidos), Madureira. 1993: *Método para Arranque e Deslocamento,* Galeria Sérgio Porto, Rio de Janeiro. **Selected Group Exhibitions (Exposições Coletivas Selecionadas)**: 1997: *Material Immaterial,* The Art Gallery of New South Wales, Sidney, Australia; *Asi esta la cosa: arte objeto e instalaciones de America Latina,* Centro Cultural Arte Contemporâneo, México City, México; *Novos,* Galeria Camargo Vilaça, São Paulo; *Brasil: Novas Propostas,* Galeria Ruth Benzacar, Buenos Aires; *City/ Cidade Rio/ Miami, New Vision Festival,* Florida; *1 Bienal do Mercosul,* Porto Alegre, Brasil. 1996: *Mensa/Mensae,* FUNARTE-Fundação Nacional das Artes, Rio de Janeiro; Galeria Camargo Vilaça, São Paulo; *Transparências,* Museu de Arte Moderna, Rio de Janeiro. 1995: *Prêmio UNESCO,*Maison UNESCO, Paris; *Panorama da Arte Brasileira,* Museu de Arte Moderna de São Paulo, Rio de Janeiro. 1994: *Escultura Carioca,* Paço Imperial, Rio de Janeiro. 1993: *XVII Salão Carioca de Artes Plásticas,* IBAC, Prêmio de Aquisição, Rio de Janeiro. 1992: *Atelier Vila Isabel,* Rio de Janeiro. 1990: *Solar Grandjean de Montagny*, PUC (Pontifícia Universidade Católica), Rio de Janeiro. 1989: *XIV SARP Prêmio Cidade de Ribeirão Preto,* São Paulo. **Selected Bibliography (Bibliografia Selecionada)**: João Ximenes, "Geração 90," in *O Dia* (January 2, 1994).

| **Heide Fasnacht** | b. 1951, Cleveland, Ohio. Lives in New York City. |
| | Nasceu em 1951 em Cleveland, Ohio. Reside em Nova Iorque. |

Selected Solo Exhibitions (Exposições Individuais Selecionadas): 1997: Bill Maynes Gallery, New York. 1996: Bernard Toale Gallery, Boston. 1994: *Ohio,* Gallery 210, St. Louis. 1993: Atelier Liechtenstein, Triesten, Liechtenstein. 1992: Germans Van Eck Gallery, New York; RAM Galerie, Rotterdam; Cleveland Center for Contemporary Art. 1991: Eugene Binder Galerie, Dallas. 1990: Dorothy Goldeen Gallery, Los Angeles. **Selected Group Exhibitions (Exposições Coletivas Selecionadas)**: 1996: *Works on Paper,* Weatherspoon Art Gallery, University of North Carolina at Greensboro. 1995: *Small and Wet,* Bernard Toale Gallery, Boston. 1994: *Mapping,* The Museum of Modern Art, New York; *Fabricated Nature*, Boise Art Museum, Idaho. 1993: TZ'Art & Company, New York; *25 Years,* Cleveland Center for

Contemporary Art; *Material Identity - Sculpture Between Nature and Culture: Tony Cragg, Heide Fasnacht, Carol Hepper, and Jene Highstein,* Portland Art Museum. 1992: *Rubber Soul,* LedisFlam Gallery, New York. 1991: New Museum, New York; Dorothy Goldeen Gallery, Santa Monica; *Fabricators,* Grace Borgenicht Gallery, New York. 1990: *Contemporary Collectors,* La Jolla Museum of Contemporary Art; Socrates Sculpture Park, Long Island City, New York. **Selected Bibliography (Bibliografia Selecionada):** Jonathan Goodman, "Heide Fasnacht at Bill Maynes," in *Art in America* (October 1997), p. 116-117. Nancy Princenthal, "Heide Fasnacht," in *Art in America* (April 1993), p. 129. Jennifer P. Borum, "Heide Fasnacht at German van Eck," in *Artforum* (March 1991), p. 132.

| **Fernanda Gomes** | b. 1960, Rio de Janeiro. Lives in Rio de Janeiro. |
| | Nasceu em 1960 no Rio de Janeiro. Reside no Rio de Janeiro. |

Selected Solo Exhibitions (Exposições Individuais Selecionadas): 1997: Galleri Ping Pong, Malmö, Sweden. 1994: Galeria Luisa Strina, São Paulo. 1993: Galeria do IBEU (Instituto Brasil Estados Unidos), Rio de Janeiro; Galeria Sérgio Porto, Rio de Janeiro; Projeto Experimental, Escola de Artes Visuais, Parque Lage, Rio de Janeiro. 1990: Centro Cultural, São Paulo; Galeria 110 Arte Contemporânea, Rio de Janeiro. **Selected Group Exhibitions (Exposições Coletivas Selecionadas):** 1997: *Material Immaterial,* The Art Gallery of New South Wales, Sydney; *Around Us Inside Us,* Boras, Sweden; *Así Está la Cosa,* Centro Cultural Arte Contemporáneo, Mexico; *Arco '97,* Galeria Luisa Strina, Madrid. 1996: *America Latina 96,* Museo Nacional de Bellas Artes, Buenos Aires; *Escultura,* Paço Imperial, Rio de Janeiro; *Transparências,* Museu de Arte Moderna, Rio de Janeiro; *Small Scale,* Joseph Helman Gallery, New York. 1995: *Selections Brazil,* The Drawing Center, New York; *The Education of Five Senses,* White Columns, New York; *4th International Istanbul Biennial,* Turkey. 1994: *Livro-Objeto, A Fronteira dos Vazios,* Centro Cultural Banco do Brasil, Rio de Janeiro; *Diàrio,* Museu de Arte Moderna, Rio de Janeiro; Galerie Hohenthal und Bergen, Cologne; *A Espessura do Signo,* Karmeliter Kloster, Frankfurt; *XXII Bienal Internacional de São Paulo,* Brazil. 1993: *Brazil: Segni d'Arte,* Querini Stampalia, Venice; Biblioteca Braidense, Milan; Biblioteca Nazionale, Florence; Palazzo Pamphili, Rome. 1992: *Diversité Latino-Americaine,* Galerie 1900/2000, Paris; *Ohne Rosen geht es Nicht,* Galerie Wanda Reiff, Maastricht. 1991: *Art 22'91,* Galeria Luisa Strina, Basel; *7 x Ar,* Museu de Arte Moderna, Rio de Janeiro. 1990: *Panorama da Arte Atual Brasileira,* Museu de Arte Moderna, São Paulo. **Selected Bibliography (Bibliografia Selecionada):** Paulo Reis, "Arte para americano ver," in *Jornal do Brasil* (January 4, 1995) p. B1. João Ximenes, "Geração 90," in *O Dia* (January 2, 1994).

| **Carla Guagliardi** | b. 1956, Rio de Janeiro. Lives in Rio de Janeiro and Berlin. |
| | Nasceu em 1956 no Rio de Janeiro. Reside no Rio e em Berlin. |

Selected Solo Exhibitions(Exposições Individuais Selecionadas): 1996: *Memória Líquida,* Galeria do IBEU (Instituto Brasil Estados Unidos), Copacabana, Rio de Janeiro; *Às Parcas e ao Edi,* Galeria do IBEU (Instituto Brasil-Estados Unidos), Madureira, Rio de Janeiro. 1993: *Projeto Experimental/Instalação na Piscina,* Escola de Artes Visuais do Parque Lage, Rio de Janeiro. 1991: *Instalação,* Galeria Sérgio Porto, Rio de Janeiro. **Selected Group Exhibitions (Exposições Coletivas Selecionadas):** 1997: *International Project for Contemporary Art 1997,* Next: Verein für bildende Kunst, Graz, Austria. 1996: *Escultura Plural,* Museu de Arte Moderna da Bahia, Salvador; Museu de Arte Moderna, Rio de Janeiro; *Transparêncies,* Museu de Arte Moderna, Rio de Janeiro; *Esculturas no Paço,* Paço Imperial, Rio de Janeiro. 1995: *II Salão de Arte da Bahia,* Museu de Arte Moderna da Bahia, Salvador; *Continuum-Brazilian Art, 1960s-1990s,* University Gallery, University of Essex, Colchester, England; *Metrópole e periferia/ German and Brazilian Artists,* Museu de Arte Moderna, Rio de Janeiro. 1994: *Escultura Carioca,* Paço Imperial, Rio de Janeiro. 1993: *XVII Salão Carioca de Arte,* Escola de Artes Visuais do Parque Lage, Rio de Janeiro; *II Pontos no Espaço Público,* Museu da República, Rio de Janeiro. 1992: *Exposição Comemorativa/10 Anos,* Galeria de Arte, Universidade Federal Fluminense, Niterói, Brazil. 1991: *XV Salão Carioca de Arte,* Escola de Artes Visuais do Parque Lage, Rio de Janeiro; *XII Salão Nacional,* Prêmio Brasília de Artes Visuais, FUNARTE / IBAC (Fundação Nacional das Artes/ Instituto Brasileiro de Artes e Cultura), Rio de Janeiro; Museu de Arte de Brasília, DF (Distrito Federal); *7 x AR,* Museu de Arte Moderna do Rio de Janeiro. 1990: *VIII Salão Paulista de Arte Contemporânea,* Fundação Bienal de São Paulo; *Possível Imagem,* Solar Grandjean de Montagny / PUC, Rio de Janeiro. **Selected Bibliography (Bibliografia Selecionada):** João Ximenes, "Geração 90" in *O Dia* (January 2, 1994). Márcio Doctors, "A instalação da passagem do tempo," in *O Globo* (June 27, 1991).

| Ana Linnemann | b. 1960, Rio de Janeiro, Brazil. Lives in New York City. |
| | Nasceu em 1960, no Rio de Janeiro. Reside em Nova Iorque. |

Selected Solo Exhibitions (Exposições Individuais Selecionadas): 1994: Galeria Sérgio Porto, Rio de Janeiro. 1992: Soyun Yi Gallery, New York. 1991: Paula Figueiredo Gallery, São Paulo. 1989: Centro Cultural São Paulo. 1987: Sérgio Milliet Gallery, Rio de Janeiro. **Selected Group Exhibitions (Exposições Coletivas Selecionadas):** 1997: *Suture,* The Rotunda Gallery, Brooklyn; *New York Art Exchange,* New York. 1996: *Site Specifics at the Carriage House,* Islip Art Museum, New York; *X-Sightings,* Anderson Gallery, Buffalo; *Benefit Exhibition,* Bronx Museum of the Arts, New York. 1995: *Internal.External,* Foster Goldstrom Gallery, New York; *Between This and That,* Eighth Floor Gallery, New York. 1994: *Erptcponise,* Information Gallery, New York; *III Forum of Visual Arts,* Museum of Art of Brasília. 1993: *ABC,* Sidney Mishkin Gallery, Baruch College of the City University of New York; *Sense of Time,* PS 122 Gallery, New York; *Aiming at the Shooting Space,* Shooting Space, New York. 1992: *1 + n = 1,* Tribeca 148 Gallery, New York; *Personals,* La Cappellaine Gallery, New York.

1991: *XI Annual Artist in the Marketplace Exhibition,* The Bronx Museum of the Arts, New York. 1990: *Ten Artists,* Paulo Figueiredo Gallery, São Paulo. **Selected Bibliography (Bibliografia Selecionada):** Richard Martin, *Internal.External* (New York: Foster Goldstrom Gallery, 1995). Melanie Marino, *erptcponies (perceptions)* (New York: Information Gallery, 1994). Berta Sichel, *ABC* (New York: Sidney Mishkin Gallery-Baruch College, 1993). Ligia Canongia, *Order Deconstructed* (Rio de Janeiro: 110 Arte Contemporanea, 1989).

| **John Monti** | b. 1957, Portland, Oregon. Lives in New York City. |
| | Nasceu em 1957 em Portland, Oregon. Reside em Nova Iorque. |

Selected Solo Exhibitions (Exposições Individuais Selecionadas): 1997: Elizabeth Harris Gallery, New York. 1996: *New Drawings,* Inform Gallery, Kanawaza, Japan. 1993: *The Sculpture Court Project,* Museum of Art, Munson-Williams-Proctor Institute, Utica, New York; Sculpture Center, New York; LedisFlam Gallery, New York. 1992: *White Room Project,* White Columns, New York. 1990: Greg Kucera Gallery, Seattle. **Selected Group Exhibitions (Exposições Coletivas Selecionadas):** 1996: *Changing Places,* MetroTech Center, Brooklyn; *Informed Choices,* The Rotunda Gallery, Brooklyn; *Black and White: Sculptors' Drawings,* MMC Gallery, New York. 1995: *Three Sculptors and Their Drawings,* Grounds for Sculpture, Hamilton, New Jersey; *Sculpture Space: Celebrating 20 Years,* Museum of Art, Munson-Williams-Proctor Institute, Utica, New York. *Grounded, Invitational Sculpture Exhibition,* Art/Omi, New York. 1994: *National Drawing Invitational,* The Arkansas Arts Center, Little Rock; *A Primary Medium: Contemporary Drawing,* Museum of Art, Munson-Williams-Proctor Institute, Utica, New York. 1993: *On Paper,* TZ' Art & Company, New York; *The Second Dimension: Twentieth Century Sculptors' Drawings,* The Brooklyn Museum, New York. 1992: *Contemporary Wood Sculpture,* The Brooklyn Museum, New York; *The Salon Show,* Art in General, New York. 1991: *Triangle Artists' Workshop: 10th Anniversary Exhibition,* Bennington, Vermont; *Western Agenda,* Artists Space, New York. 1990: *Art on Paper,* Weatherspoon Art Gallery, University of North Carolina, Greensboro; *New Drawing,* Western Gallery, Western Washington University, Bellingham. **Selected Bibliography (Bibliografia Selecionada):** Anne Harnish, "Commissions," in *Sculpture* (May-June 1997), p. 17. Ken Johnson, "John Monti at the Sculpture Center," in *Art in America* (October 1993), p. 134. Charles V. Miller, "Only the Shadow Knows," in *Artforum* (December 1988), p. 98.

| **Brigitte Nahon** | b. 1960, Nice, France. Lives in New York City. |
| | Nasceu em 1960 em Nice, França. Reside em Nova Iorque. |

Selected Solo Exhibitions (Exposições Individuais Selecionadas): 1993: Thessalonique, French Institute. 1992: Galerie Praz/ Delavallade, Paris; Galerie Eric DuPont, Toulouse; Abbaye Saint Andre, Contemporary Art Center, Meymac. 1991: galarie de marseille,

Marseille; Cour Le Pelletier de Saint-Fargeau, Musée Carnavalet, Paris; Contemporary Art Space of the City of Paris, Paris. 1989: Paris La Defense, Steel Space, Usinor-Sacilor; Galerie des Remp'Arts Saint Raphael, Museum of the City of Toulon, Present Art Center, C.R.A.P., Toulon. 1988: Usines Ephémères, Paris; Maimad Gallery, Tel Aviv. **Selected Group Exhibitions (Exposições Coletivas Selecionadas):** 1996: *Kunstbrau,* Next, Graz, Austria; *Walk on the SoHo Side,* New York. 1995: *F.I.A.C. Art Fair,* galerie de marseille, Paris; *Avantgarde Walk in Venezia,* Off Biennale, Venice; *Pop Up,* Socrates Sculpture Park, New York; *Gramercy Art Fair,* Marc Pottier, New York. 1994: *Etats des Lieux,* Quartier Ephémère Art Center, Montreal; *Tekne & Metis,* Chyprius House, Athens; *Nouvelle Vague,* Museum of Modern Art and Contemporary Art, Nice. 1993: *Art Fair,* Galerie Praz/ Delavallade, Brussels. 1992: *Ateliers 1992,* Villa Saint Clair, Sète; *F.I.A.C. Art Fair,* Galerie Praz/Delavallade, Paris. 1991: *Grandes Lignes,* Gare de l'Est, Paris; *When Summer Had Almost Gone,* RAM Gallery, Rotterdam. 1989: *Installez-vous où Vous Voulez,* Usines Ephémères, Paris; *Lawrence Weiner/ Brigitte Nahon,* Bebert Gallery, Rotterdam. **Selected Bibliography (Bibliografia Selecionada):** Tim Griffin, "Thread," in *Time Out NY* (September 25-October 2, 1997), p. 43. Catherine Millet, "L'Art Contemporain en France," in *Flammarion* (1994). Claude Bouyeure, "Brigitte Nahon. Désequilibrer les Habitudes," in *Opus International* (Winter 1993). Paul Ardenne, "La Sculpture sur le fil," in *art press* (November 1992).

Márcia Thompson   b. 1968, Rio de Janeiro. Lives in Rio de Janeiro.
Nasceu em 1968 no Rio de Janeiro. Reside no Rio de Janeiro.

Selected Solo Exhibitions(Exposições Individuais Selecionadas): 1995: Galeria Espaço Alternativo, IBAC/ FUNARTE (Instituto Brasileiro de Artes e Cultura/ Fundação Nacional das Artes), Rio de Janeiro; Centro Cultural de São Paulo; Galeria Casa Triângulo, São Paulo; Galeria Joel Edelstein, Rio de Janeiro. 1993: Fundação Cultural de Curitiba, Paraná; Galeria Casa Triângulo, São Paulo. **Selected Group Exhibitions (Exposições Coletivas Selecionadas):** 1996: *Amigos da Calouste,* Calouste Gulbenkian, Rio de Janeiro; Galeria Mônica Marques, Uberlândia, MG; *Universidarte,* Universidade Estácio de Sá, Rio de Janeiro. 1995: *Amanhã, Hoje,* Museu da FAAP, São Paulo; *Oito,* Galpão da Guaicurus, Belo Horizonte, MG; *Salão Nacional,* Rio de Janeiro; *Situações Transitivas,* Galeria Joel Edelstein, Rio de Janeiro. 1994: *Imagem não Virtual,* Galeria Casa Triângulo, São Paulo; *Projeto Macunaíma,* IBAC / FUNARTE (Instituto Brasileiro de Artes e Cultura/ Fundação Nacional das Artes), Rio de Janeiro; *Escultura Carioca,* Paço Imperial, Rio de Janeiro. 1993: *Processo n. 738765.2,* Parque Lage, Rio de Janeiro; *N-8,* Escola de Artes Visuais do Parque Lage, Rio de Janeiro; *XV Salao Carioca de Arte,* Parque Lage, Rio de Janeiro. 1990: *Novos Novos,* Galeria do Centro Empresarial Rio, Rio de Janeiro. 1989: *XIII Salão Carioca de Arte,* Metro Carioca, Rio de Janeiro. **Selected Bibliography (Bibliografia Selecionada):** Fernando Canzian, "Mercado de arte abre espaço ao artista jovem," in *Folha de São Paulo* (December 23, 1995), p. 1. Carlos Uchôa Fagundes Jr., "Casa Triângulo expõe novos artistas," in *Folha de*

São Paulo (July 21, 1994), p. 1. Ligia Canongia, "Os limites da pintura e do objeto," in *O Estado do Paraná* (June 27, 1993), p. 3. Carlos Uchôa Fagundes Jr., "Márcia Thompson explora superfície da tela," in *Folha de São Paulo* (September 8, 1993), p. 1.

CONTRIBUTORS/CONTRIBUINTES

Holly Block has been the Executive Director of Art in General since 1988. She has worked extensively with emerging artists locally, nationally, and internationally and recently codirected *1990s Art from Cuba: A National Residency and Exhibition Program* (1997). Her numerous affiliations include serving as a board member of College Art Association, and as a former board member of ArtTable, a national women's organization. She is currently an adviser to the National Association of Artists' Organizations (NAAO) and formerly the Board President of NAAO.

Holly Block é a Diretora Executiva da Art in General desde 1988. Ela tem trabalhado extensivamente com novos artistas nos níveis local, nacional e internacional. Holly recentemente co-dirigiu *A Arte de Cuba dos anos 90: Um Programa Nacional de Mostras e Residências*(1997). Entre suas inúmeras afiliaçõ, Holly é membro do Corpo Diretor da ArtTable, uma organização Nacional de Mulheres nas Artes. Ela também faz parte do Comitê da Associação de Universidades de Arte. Atualmente, Holly é conselheira da NAAO (Associação Nacional das Organizações de Arte), e é ex-Presidente do corpo diretor desta mesma organização.

Claudia Calirman is currently a Ph.D. candidate in art history at The Graduate Center of the City University of New York. Born in Rio de Janeiro, she is now based in New York City. She has taught at Hunter College in Manhattan and has worked as an art journalist for Brazilian magazines, newspapers, and television.

Claudia Calirman é candidata de doutorado no programa de História da Arte, do Centro de Pós Graduação da City University of New York. Nascida no Rio de Janeiro, Cláudia reside atualmente em Nova Iorque. Ela lecionou no Hunter College em Manhattan e tem trabalhado como jornalista de artes para revistas, jornais e televisão.

Fernando Cocchiarale is an art critic and Visual Arts Coordinator for FUNARTE, the National Foundation for the Arts in Rio de Janeiro. He coauthored *Geometric and Informal Abstract Art* with Anna Bella Geiger and has taught courses in aesthetics, art history, architecture, and visual art. His curatorial credits include *The Modern and the Contemporary* (1981), with Wilson Coutinho, and *Rio de Janeiro 1959–60: The Neoconcrete Experience* (1991), both at the Museu de Arte Moderna in Rio de Janeiro.

Fernando Cocchiarale é crítico de arte e Coordenador de Artes Visuais da FUNARTE. Ele escreveu *Abstracionismo Geométrico e Informal* com Anna Bella Geiger, e lecionou cursos em estética, história da arte, arquitetura e artes visuais. Fernando foi curador das seguintes mostras, entre outras: *O Moderno e o Contemporâneo* (1981), com Wilson Coutinho; e, *Rio de Janeiro 1959-60: Uma experiência Neoconcreta* (1991), ambas no Museu de Arte Moderna no Rio de Janeiro.

Nancy Princenthal is a writer and art critic living in New York City. She is a regular contributor to *Art in America* and *Art/Text*, where she is also an editorial adviser. Her articles and reviews have been widely published in magazines and journals, including *Book Form*, *Sculpture*, and *Art News*. She currently lectures at Princeton University in New Jersey.

Nancy Princenthal é escritora e crítica de arte residente em Nova Iorque. Ela contribui com freqüência para *Art in America* e *Art/Text*, onde é também conselheira do corpo editorial. Seus artigos tem sido publicados largamente em revistas e jornais incluindo *Book Form*, *Sculpture*, e *Art News*. Ela atualmente leciona na Princeton University em Nova Jérsei.

CHECKLIST OF THE EXHIBITION/
LISTA DAS OBRAS EM EXIBIÇÃO

ART IN GENERAL

November 8, 1997–January 10, 1998
(8 de Novembro de 1997–
10 de Janeiro de 1998)

Seong Chun
Cities, 1997
Text on crocheted paper
(Texto em papel de crochê)
Approx. 120 x 48 x 48" (3,05 x 1,22 x 1,22m)
Collection the artist (Coleção da artista)

Untitled (Simple), 1997
Text on crocheted paper and thread
(Texto em papel de crochê e linha)
Approx. 81 x 3" (2,06 x 0,08m)
Collection the artist (Coleção da artista)

Fernanda Gomes
Untitled, 1997
Magnets, needle, and thread
(Ímãs, agulha e linha)
Dimensions variable (Dimensões variáveis)
Collection the artist (Coleção da artista)

Untitled, 1997
Magnets, needle, and thread
(Ímãs, agulha e linha)
Dimensions variable (Dimensões variáveis)
Collection the artist (Coleção da artista)

Untitled, 1997
Bread and thread (Pão e linha)
Dimensions variable (Dimensões variáveis)
Collection the artist (Coleção da artista)

Untitled, 1997
Bread and thread (Pão e linha)
Dimensions variable (Dimensões variáveis)
Collection the artist (Coleção da artista)

Untitled, 1997
Soap and thread (Sabão e linha)
Dimensions variable (Dimensões variáveis)
Collection the artist (Coleção da artista)

Untitled, 1997
Needles, cigarette filter, and thread
(Agulhas, filtro de cigarro e linha)
Dimensions variable (Dimensões variáveis)
Collection the artist (Coleção da artista)

Untitled, 1997
Needles and thread (Agulhas e linha)
Dimensions variable (Dimensões variáveis)
Collection the artist (Coleção da artista)

Untitled, 1997
Magnets, bread, and thread
(Ímãs, pão e linha)
Dimensions variable (Dimensões variáveis)
Collection the artist (Coleção da artista)

Untitled, 1997
Needle (Agulha)
1" (2,5 cm)
Collection the artist (Coleção da artista)

Carla Guagliardi
Untitled/Fifi 1991-97
Polyethylene tubes, water, and iron
(Tubos de polietileno, água e ferro)
57 x 211 x 3" (1,45 x 5,36 x 0,08 m)
Collection the artist (Coleção da artista)

John Monti
Black Belly, 1997
Fiberglass, foam, and pigmented plastic
(Fibra de vidro, espuma e plástico
pigmentado)
13 ½ x 78 x 128" (0,35 x 1,98 x 3,25 m)
Collection the artist (Coleção do artista)

Angle Bob, 1997
Fiberglass, foam, and pigmented rubber
(Fibra de vidro, espuma e borrach
a pigmentada)
20 x 10 x 7" (0,51 x 0,25 x 0,18 m)
Collection the artist (Coleção do artista)

Márcia Thompson
Untitled, 1997
Oil paint and acrylic box
(Tinta à óleo e caixa acrílica)
8 x 8 x 3" (0,20 x 0,20 x 0,08 m)
Private collection (Coleção particular)

Untitled, 1997
Oil paint and acrylic box
(Tinta à óleo e caixa acrílica)
8 x 8 x 3" (0,20 x 0,20 x 0,08 m)
Collection the artist (Coleção da artista)

Untitled, 1997
Pencils and acrylic box
(Lápis e caixa acrílica)
8 x 8 x 3" (0,20 x 0,20 x 0,08 m)
Private collection (Coleção particular)

Untitled, 1997
Oil bars and acrylic box
(Barras de óleo e caixa acrílica)
8 x 8 x 3" (0,20 x 0,20 x 0,08 m)
Collection the artist (Coleção da artista)

Untitled, 1997
Paper and acrylic box
(Papel e caixa acrílica)
8 x 8 x 3" (0,20 x 0,20 x 0,08 m)
Private collection (Coleção particular)

Untitled, 1997
Oil bars and acrylic box
(Barras de óleo e caixa acrílica)
8 x 8 x 3" (0,20 x 0,20 x 0,08 m)
Collection the artist (Coleção da artista)

Untitled, 1997
Oil paint and acrylic box
(Tinta à óleo e caixa acrílica)
8 x 8 x 3" (0,20 x 0,20 x 0,08 m)
Collection the artist (Coleção da artista)

Untitled, 1997
Oil bars and acrylic box
(Barras de óleo e caixa acrílica)
8 x 8 x 3" (0,20 x 0,20 x 0,08 m)
Private collection (Coleção particular)

Untitled, 1997
Oil paint and acrylic box
(Tinta à óleo e caixa acrílica)
8 x 8 x 3" (0,20 x 0,20 x 0,08 m)
Collection the artist (Coleção da artista)

November 7–December 20, 1997
(7 de Novembro–20 de Dezembro, 1997)

Enrica Bernardelli
Untitled, 1990
Iron and gold chain
(Corrente de ferro e ouro)
Dimensions variable (Dimensões variáveis)
Collection the artist (Coleção da artista)

Untitled, 1990
Gold chain (Corrente de ouro)
Dimensions variable (Dimensões variáveis)
Collection the artist (Coleção da artista)

Map of the Sculpture, 1990
Paper (Papel)
40 x 60" (1,02 x 1,52 m)
Collection the artist (Coleção da artista)

José Damasceno
Elastic Cinema, 1997
Nails and elastic (Pregos e elástico)
94 x 130 x 3" (2,40 x 3,30 x 0,08 m)
Collection the artist (Coleção do artista)

Invisible Bough, 1997
Sawdust, water, and glue
(Pó de serra, água e cola)
Dimensions variable (Dimensões variáveis)
Collection the artist (Coleção do artista)

Heide Fasnacht
Double Cluster, 1997
Polymer clay and springs
(Argila polymer e molas)
36 x 49 x 1½" (0,91 x 1,25 x 0,04 m)
Private collection (Coleção particular)

Strange Attractors, 1996
Polymer clay, springs, hooks, and nails
(Argila polymer, molas, ganchos e pregos)
93 x 118 x 2½" (2,36 x 3,00 x 0,06m)
Courtesy Bill Maynes Gallery, New York
(Cortesia da Galeria Bill Maynes,
Nova Iorque)

Ana Linnemann
Rock Lace, Rag, 1997
Stone chips, copper wire, and needles
(Lascas de pedra, fios de cobre e agulhas)
20 x 8 x 1½" (0,51 x 0,20 x 0,04 m)
Collection the artist (Coleção da artista)

Rock Lace, la Fleur, 1997
Stone, nylon thread, and needles
(Pedra, fios de nylon e agulhas)
20 x 5 x 20" (0,51 x 0,13 x 0,51 m)
Collection the artist (Coleção da artista)

Rock Lace, the Ribbon, 1997
Stone chips, brass wire, and needles
(Lascas de pedra, fios de cobre e agulhas)
12 x 28 x 30" (0,30 x 0,71 x 0,76 m)
Collection the artist (Coleção da artista)

Rock Lace, Wire Puff, 1997
Stone chips, brass wire, and needles
(Lascas de pedra, fios de cobre e agulhas)
7 x 7 x 7" (0,18 x 0,18 x 0,18 m)
Collection the artist (Coleção da artista)

Rock Lace, Tangle Up, 1997
Stones, copper wire, and needles
(Pedras, fios de cobre e agulhas)
2 x 6 x 2" (0,05 x 0,15 x 0,05 m)
Collection the artist (Coleção da artista)

Rock Lace, Very Little, 1997
Stones, copper wire, and needle
(Pedras, fios de cobre e agulhas)
1 1/2 x 2 x 2 1/2" (0,04 x 0,05 x 0,06 m)
Collection the artist (Coleção da artista)

Rock Lace, Pinky, 1997
Stone chips, copper wire, and needles
(Lascas de pedra, fios de cobre e agulhas)
9 x 30 x 10" (0,23 x 0,76 x 0,25 m)
Collection the artist (Coleção da artista)

Brigitte Nahon
Icholi Hauperyre L (10)o,(21) sc1, 1997
Thread and plastic (Linha e plástico)
Dimensions variable (Dimensões variáveis)
Collection the artist (Coleção da artista)

Icholi Hauperyre L (10),(21) sc2, 1997
Thread (Linha)
Dimensions variable (Dimensões variáveis)
Collection the artist (Coleção da artista)

ART IN GENERAL

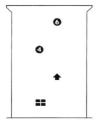

Founded in 1981, Art in General is a nonprofit organization in lower Manhattan that provides 3,500 square feet of exhibition space to contemporary artists. Exhibitions are based on themes or artistic concerns and include artworks in a range of disciplines: painting, drawing, sculpture, installation, photography, sound, and performance art.

Art in General's programs are sponsored by The Institute of Museum and Library Services, National Endowment for the Arts, New York State Council on the Arts, Department of Cultural Affairs of the City of New York, Chase Manhattan Bank, N.A., étant donnés, Elizabeth Firestone Graham Foundation, The Robert B. and Emilie W. Betts Foundation, The Foundation for Contemporary Performance Arts, Inc., The Greenwall Foundation, General Tools Manufacturing Co. Inc., The Robert D. Farber Foundation, The ArtsLink Partnership, Jerome Foundation, Joe and Emily Lowe Foundation, Merrill Lynch & Co., Inc. / Employee Community Involvement Programs, Joyce Mertz-Gilmore Foundation, J.P. Morgan & Co., Philip Morris Companies Inc., The Nathan Cummings Foundation, Abraham and Lillian Rosenberg Foundation, The Reed Foundation, The LEF Foundation, The Emily Hall Tremaine Foundation, The Andy Warhol Foundation for the Visual Arts, Agnes Gund and Daniel Shapiro, as well as artists and individuals. Art in General is a member of the National Association of Artists' Organizations (NAAO) and Media Alliance.

Missão: Fundada em 1981, a Art in General é uma Organização sem fins lucrativos, downtown, em Manhattan, que oferece 3.500 pés quadrados de espaço para exibições de artistas contemporâneos. As mostras são baseadas em temas ou tendências artísticas e incluem obras de arte em um amplo espectro de disciplinas: pintura, desenho, escultura, instalação, fotografia, som e performance.

Os programas da Art in General são patrocinados por: The Institute of Museuma and Library Services, National Endowment for the Arts, New York State Council on the Arts, Department of Cultural Affairs da Cidade de Nova Iorque, Chase Manhattan Bank, N.A., étant donnés, Elizabeth Firestone Graham Foundation, The Robert B. and Emilie W. Betts Foundation, The Foundation for Contemporary Arts, Inc., The Greenwall Foundation, General Tools Manufacturing Co., Inc., The Robert D. Farber Foundation, The ArtsLink Partnership, Jerome Foundation, Joe and Emily Lowe Foundation, Merrill Lynch & Co., Inc./Employee Community Involvement Programs, Joyce Mertz-Gilmore Foundation, J.P. Morgan & Co., Philip Morris Companies, Inc., The Nathan Cummings Foundation, Abraham and Lillian Rosenberg Foundation, The Reed Foundation, The LEF Foundation, The Emily Hall Tremaine Foundation, The Andy Warhol Foundation for the Visual Arts, Agnes Gund and Daniel Shapiro, e por artistas e indivíduos. Art in General é membro da NAAO (Associação Nacional das Organizações de Arte) e da Media Alliance.